Ressignificar...

Nathalie Owen

Ressignificar...

Nathalie Owen

Ressignificar...

Dedicatória:

Dedico esse livro a todos os profissionais do planeta, os quais diariamente vêm servindo todos os tipos de sociedades do mundo ao longo dos anos, com seus múltiplos talentos, atuando nas mais variadas áreas. Eles têm se dedicado a repassar os conhecimentos acumulados através dos tempos às novas gerações e a fazer descobertas inéditas, possibilitando assim o avanço da ciência e tecnologia como se vê hoje.

Nathalie Owen

Ressignificar...

Ressignificar é uma palavra poderosa e libertadora. Ao ser usada por alguém que sabe exatamente o que ela significa, como aplicá-la, quando, onde e em quais circunstâncias, os resultados são incríveis. Ela tem o poder de alterar imagens, percepções, conceitos, juízos de valores individuais e coletivos; provocando uma verdadeira revolução mental e psicológica, dando um novo sentido às pessoas!

Nathalie Owen

Ressignificar...

Quem eu sou, você só vai perceber quando olhar nos meus olhos, ou melhor, para além deles...
(Clarice Lispector)

Esse livro de mensagens vai te colocar pra cima. Mensagens que vão ajudar a enxergar todas as coisas ao seu redor numa perspectiva diferente. A vida pode ser vista por vários ângulos, ou seja, de forma positiva e altruísta, ou de maneira pessimista. Pense nessas mensagens como se fossem um tipo de Travesseiro Emocional, uma Caixinha de boas e agradáveis Promessas, um Conselheiro pessoal, um Oráculo escrito ou apenas um Mensageiro Diário. Elas podem ser lidas em qualquer momento, isto é, logo pela manhã, numa sala de espera, na hora de descanso, ao fim do dia ou mesmo antes de dormir. Você pode recorrer à elas como fórmula de obter motivação, orientação e estabilidade emocional.

Essas Mensagens foram elaboradas a partir dos 12 pilares estruturais da mente humana (os arquétipos), e, portanto, tem um respaldo psicológico confiável. Isso equivale dizer, que não são apenas palavras aleatórias colocadas por mero acaso em um livro.

Houve um cuidado muito especial na composição de cada uma delas, isso para que o leitor além de receber um upgrade (melhora ou atualização) em seus sentimentos, emoções e nos comportamentos, ainda consiga perceber e compreender os porquês de certos acontecimentos, além de saber lidar com cada situação adversa, que ocorrem no dia a dia...

Concluindo:

Pense nessas mensagens como um sinal do Universo pra você, dando orientações, alertas às suas ações, dicas ou estimulando a sua autoconfiança a dar os próximos passos e assim solucionar os problemas e executar tarefas, que repetidamente, cada pessoa faz, sem muitas vezes de dar conta dessas atitudes.

Ressignificar 01

Hoje, antes de qualquer atividade, respire fundo, feche os olhos e pense bem antes de falar e agir. Não se deixe sucumbir pelos seus impulsos, suas emoções, por sentimentos ruins ou equivocados. Entenda que tudo o que você precisa é encarar o dia de hoje; ontem já era e o amanhã não chegou. A qualquer instante tudo pode mudar, pois assim é a vida, um presente vivo que nós temos que cuidar. Repita: Eu sou um projeto sonhado e realizado pelo Ser Supremo, portanto, único (a) e maravilhoso (a). Nada é impossível para quem consegue acreditar. Fui feito (a) de puro Amor e meu destino será Amar. O Amor move o mundo e dá sentido à existência.

Ressignificar 02

Não custa nada ser prudente, portanto, verifique
novamente o que já fez e aquilo que ainda fará.
A arte da excelência está no fato de saber que um
trabalho bem feito precisa sempre ser revisado...
Acione o despertador dez minutos antes, isso pode
significar a diferença entre o sucesso e o fracasso.
Faça um alongamento antes do café da manhã.
**Não pule nenhuma das refeições necessárias e nem
as troque por petiscos ou alimentos não saudáveis.**
Antes de qualquer atividade respire fundo, esvazie
sua mente de pensamentos negativos e destrutivos.
Pense: Sou forte, inteligente, capaz e vitorioso (a).
A vida pulsa em mim cheia de energias Positivas.

Ressignificar 03

A fonte de toda criatividade humana reside numa mente tranquila e aberta às novas possibilidades...

Hoje é aquele dia que se deve encarar de frente.

Não espere algo mágico acontecer, vá lá e faça.

Considere-se uma pessoa Capaz e de Sucesso.

O fracasso vem das dúvidas, então elimine-as.

Não seja dependente dos elogios das pessoas.

Competência tem a ver com se sentir competente.

Quer ver esse dia ser completamente diferente?

Então saiba que a responsabilidade é toda sua...

Estabilize a ansiedade e concentre-se no seu alvo.

A felicidade e o sucesso começam com um sorriso.

Pense: Me contentarei hoje, apenas com o melhor.

Ressignificar 04

A doação ativa é o segredo da Lei do Retorno.

Tudo se trata de quanto você se empenha nisso.

Vamos lá então: Ativando a Lei do Retorno...

Faça uma lista organizada de todas as coisas que você está disposto (a) a doar nesse fim de semana. Comece pelo seu guarda roupas, depois pelos seus bens intocáveis, doe um livro que você gosta, um perfume e por último, escolha um tempo e escute pessoas que você tem menos contato no trabalho. Mas faça essa tarefa com muito critério e capricho. Isso não quer dizer que o retorno virá dessas pessoas que receberam seu gesto de doação espontânea. O universo vê, e é ele que responde às suas ações!

Ressignificar 05

A curiosidade é um elemento que mostra novos caminhos e que permite as grandes descobertas. Ela requer um interesse genuíno para ser acionada. Não confunda curiosidade com especulação de acontecimentos frívolos e sem nenhuma utilidade. A curiosidade motiva na direção de um projeto ou na realização de algo inovador para a sociedade.

Analise: Como está sua curiosidade neste novo dia? Quais pensamentos vem ocupando a sua mente na maior parte do tempo de uma forma sistemática? Esse é um bom momento de escrever na agenda. Dica: Nunca despreze suas ideias, elas são riquezas escondidas em seu inconsciente, como sementes.

Ressignificar 06

Quebrar algumas regras impostas pode te libertar...

Não está se falando de regras fundamentais à vida.

Mas hoje se trata de uma proposta para começar

tudo às avessas e modificar sua rotina habitual...

Pra começar, levante mais cedo e tome seu café

da manhã numa padaria ou num hotel bem bonito.

Para os seus afazeres diários, tome outro caminho.

Pare numa floricultura compre um buquê de flores e

envie para alguém que jamais espere isso de você.

Compre uma cesta básica e doe para alguém de

um bairro bem distante do seu, de forma aleatória.

Faça elogios às dez primeiras pessoas que cruzarem

seu caminho hoje. Termine essa noite com amigos.

Ressignificar 07

O Domínio próprio é que te dá autoridade e poder. **O autocontrole é uma das armas mais poderosa que o ser humano tem à disposição e pode usar.** O grande segredo é saber como, quando e onde. Outras pessoas não podem determinar e nem dizer como alguém deve reagir em certas circunstâncias, acontecimentos ou numa determinada situação... Mesmo na pior das hipóteses, todo ser humano vem dotado de uma grande força interior, às vezes nem sabe disso, mas é senhor de suas ações e reações. Portanto, hoje o conselho do dia é: Convide o seu autocontrole para te acompanhar por onde fores. Não deixe ninguém te controlar você é um ser livre.

Ressignificar 08

O Perfil dos Heróis que habitam os Seres Humanos...

O Amante: Romântico, sensível, doce e sentimental.

O Divertido: Gosta do humor e de viver o momento.

O Rebelde: Quebra "leis" pra preservar seus valores.

O Órfão: Quer atenção e pertencer a um grupo.

O Guerreiro: Movido pela justiça, coragem e força.

O Mago: Religião, ciência e tecnologia se misturam.

O Mártir: Faz ao outro como se fizesse a si mesmo...

O Criador: Ama novidades, é inteligente e criativo.

O Governante: Seu foco é liderar e exercer o poder.

O Explorador: Conhecer o mundo e se aventurar.

O Inocente: Otimista que vê o lado bom em tudo.

O Sábio: Metódico, detalhista e movido pela lógica.

Ressignificar 09

Aprenda a arte de ser resiliente no seu dia a dia...
A resiliência é como um elástico, ou seja, poderá esticá-lo até certo ponto, mas quando não for mais pressionado, ele voltará ao seu estado original...
Quando o ser humano compreende isso e aplica esse método aos seus comportamentos, atitudes, modo de falar e pensar, conseguirá se equilibrar.
Dicas que ajudarão aumentar sua Resiliência:
Evite gritar, fale - Desacelere seus pensamentos - Respire fundo quando se irritar - Pense antes e só depois fale - Coma devagar - Faça exercícios - Durma bem - Escute boas músicas – Se apaixone – Cuide do corpo - Cuide da mente e do Espírito...

Ressignificar 10

Concentre-se tão somente naquilo que importa.

Um dos maiores males deste século, sem dúvida

alguma, tem sido a Depressão e a Ansiedade.

Os motivos dessas doenças são os mais variados

possíveis e vêm camuflados de tristezas e angústias.

Por serem sorrateiras, elas roubam a vitalidade das

pessoas aos poucos e quando se descobre, já

causaram grandes estragos emocionais e físicos.

Portanto, o mais importante hoje é a sua saúde.

Depressão e Ansiedade são somatórias de culpas,

mágoas, situações mal resolvidas, estresses e etc.

A Depressão mora no passado e a Ansiedade no

futuro, então, para evitá-las se atenha ao Presente.

Ressignificar 11

Sucesso e felicidade não se trata de bens materiais.

Avalie sucesso e a felicidade anotando o seguinte:

Quais coisas te deixam bem feliz quando você faz?

Que pessoas te animam (a) quando você as vê?

Cite coisas que melhoram o dia quando acontece.

Enumere 05 coisas que gosta muito de fazer, e faça.

Enumere 05 coisas que ainda quer fazer e não fez.

Conselho: Continue a fazer aquilo que te faz bem.

Comece já a elaborar um projeto para você fazer e que teve medo de fazer, mas vive pensando nele.

Sucesso e felicidade são diferentes na essência, só que podem ser associados, basta saber misturar os relacionamentos interpessoais com os bons afetos.

Ressignificar 12

Aprenda cultivar amigos e manter boas amizades. Onde encontrar um solo fértil para cultivar amigos? Comece seu cultivo de amigos na sua família, no trabalho, escola, igreja, clube, na vizinhança e etc. Você pode usar de forma saudável as redes sociais que estão no topo hoje em dia e aproveitar muito. Participe também dos projetos e eventos sociais de sua comunidade, sua cidade e demais redondezas. Como se vê, os amigos podem ser encontrados nos lugares mais inusitados e ainda dá para cultivá-los com facilidade, basta disposição e compromisso. Saiba: Amigos fazem muito bem à saúde e não tem contraindicação. Então abuse dessa possibilidade!

Ressignificar 13

De vez em quando é bom olhar para trás...

Mas faça com o intuito de analisar a trajetória até o momento presente e verificar alguns fatores como:

Quantas batalhas já vencestes nesse tempo vivido?

Coisas boas que fez e que mudou a vida de outros.

Enumere suas conquistas e as realizações pessoais.

O que seus amigos dizem de você como pessoa?

Se pergunte: De onde eu vim e onde estou agora?

Se a resposta ainda não for satisfatória é hora de fazer mudanças pra melhor e se preciso for, peça ajuda dos profissionais, aos amigos e siga adiante.

Porém, nunca deixe de celebrar sua existência, seu passado, seu presente e o futuro que virá te coroar.

Ressignificar 14

Faça somente aquilo que você sabe fazer melhor.
A energia que há no ser humano é pra ser utilizada
em coisas que tragam resultados condizentes ao
que foi investido, promovendo a autorrealização.
De vez em quando, pare e ouse se Perguntar:
Eu amo fazer aquilo que faço todos os dias?
O que faço me faz sentir realizado e feliz comigo?
Ao fazer o que faço consigo pedir ajuda de outros?
As minhas realizações contribuem para o bem?
Aquilo que sei fazer de melhor vai melhorar minha
vida e das outras pessoas, o ambiente à volta, além
de provocar uma reação em cadeia, influenciando
outros a fazerem o mesmo? Seja excelente sempre!

Ressignificar 15

Valorize suas pequenas vitórias, elas se somam...
Qualquer que seja as dimensões de um quebra-cabeças, sabe-se que são formados por pequenas peças, que ao serem devidamente colocadas em seus lugares, formam os cenários desenhados antes. A vida de qualquer pessoa no mundo é igual a um quebra-cabeças, pois tão logo se desperte para um novo dia, começam essas pequenas vitórias... Acordar, respirar, enxergar, ouvir, o olfato, paladar, o coração pulsando, movimentar braços, pernas, o tronco e a cabeça. E ainda tem a fala, memória, os pensamentos, consciência de quem se é, antever o que fará depois e etc. Valorize as pequenas vitórias!

Ressignificar 16

Nada nesta vida precisa ser feito com brutalidade.
Mesmo o diamante, um dos materiais mais duros
que existe no mundo, tem seu ponto de quebra.
Evite que as coisas precisem chegar a esse ponto.
Disciplina e determinação são qualidades obtidas
pela aprendizagem consciente, não por imposição.
Uma vida saudável, repousa numa linha chamada
pelos estudiosos de estabilidade ou equilíbrio.
Equilíbrio não significa estagnação ou ausência de
movimento e sim uma perfeita conexão entre as
três dimensões do ser humano, ou seja, no corpo,
mente e espirito, permitindo que fluam livremente.
Deixe circular e fluir a energia da sua existência...

Ressignificar 17

Cada pessoa tem um caminho próprio a seguir e uma história que está sendo escrita diariamente. O ser humano não foi fabricado em série, portanto, não existe um manual de instrução dizendo como funciona, o que faz e o que se pode esperar dele. Entre os seres viventes somos a única espécie com a capacidade de pensar sobre si mesmo, imaginar sobre coisas existentes ou não, falar, gesticular e agir de forma inesperada e diferente dos demais... Lugares, situações e circunstâncias idênticas não causarão os mesmos efeitos nos seres humanos... Logo, Ser uma pessoa Humana, é pertencer à uma espécie única em processo constante de evolução.

Ressignificar 18

Pequenas e grandes coisas têm sua importância.

Uma flor, uma árvore, uma montanha ou um lago.

Nada está aqui por mero acaso ou aleatoriamente.

Nesse cenário em que vivemos, tudo foi pensado...

Podemos extrair desse lugar, tudo o que precisamos

pra ter uma existência mais condizente com nossos

sonhos pessoais, ou uma realidade que queremos.

Você já pensou nesse planeta como um lugar de

treinamento para suas habilidades individuais?

Sendo assim, de agora em diante, encare cada

novo dia como se fosse um treino pessoal ou uma

chance a mais de mostrar aquilo que és capaz...

A vida é uma experiência individual, aproveite-a.

Ressignificar 19

Antes de tudo é preciso sintonizar-se com o mundo. A necessidade imposta por uma sociedade ávida pelas novidades do mundo global e cada vez mais dependente da tecnologia, seja para realizar uma simples tarefa ou algo mais complexo, está pondo os seres humanos em uma forma de prisão mental. Estar conectado ou sintonizado com o mundo, não quer dizer que você precise perder o contato com sua realidade diária e as demais pessoas ao redor. Um bom dia sincero, um aperto de mão, um sorriso, um elogio, um olhar gentil ou mesmo um abraço, é o ponto crucial para a ignição da sintonia humana. Você é um ser livre, deixe sua mente em liberdade.

Ressignificar 20

Para ser o que sonhas e desejas, precisas treinar. Todas as pessoas, ou pelo menos a maioria, têm sonhos e projetos que desejam realizar algum dia. Mesmo assim, poucos conseguem seus objetivos. Isso pode acontecer por várias causas, mas as mais comuns são: Planejamento mal feito, mudanças de planos, acidentes de percurso, desmotivação, falta de recursos, medos, saturação do mercado e etc. Quem tem sonhos, objetivos, deve saber que não pode contar com outros para realizar tal façanha. Ninguém é proibido de sonhar, mas precisa manter a convicção de que tudo na vida dependerá de si. Continue com suas metas e objetivos, mas treine-se.

Ressignificar 21

Que mensagens tens pra você no dia de Hoje?

Notou que na maioria das vezes, quando se trata de nós mesmos, temos dificuldades em dizer ou desejar coisas boas e favoráveis a nosso respeito?

Que tal usar uma técnica simples, que te ajudará a dizer mensagens positivas sobre si mesmo (a)?

Quais as palavras mais bonitas que gostas de ouvir?

Escreva-as e repita pra você várias vezes nesse dia.

Feche os olhos, pense em 03 coisas boas e possíveis, que desejas que te aconteçam no dia de hoje.

Repita esse processo quantas vezes quiser, é certo que você vai se surpreender com o resultado final...

Acreditar é o começo de tudo, então confie nisso!

Ressignificar 22

Somos a soma das escolhas e qualidades subjetivas.
Quando finalmente entendemos esse detalhe sobre
quem realmente somos, fica mais fácil saber o que
queremos da vida e das pessoas que nos cercam.
Quando de fato escolhemos por nós mesmos, não
por indução de outros, mostramos um fino traço de
nossa personalidade, ou seja, nosso gosto pessoal.
Gosto não se discute, isso é um fato inquestionável,
por isso mesmo, sugerir, impor ou seduzir uma outra
pessoa a fazer uma opção que não lhe é peculiar,
é querer adulterar uma singularidade individual...
Pessoas inseguras são as que não aceitam o outro.
A Aceitação é um sinal de uma mente saudável.

Ressignificar 23

A vida é um constante ir e vir entre altos e baixos. Mesmo sendo tão curta, a vida está em movimento constante, numa interminável tarefa, que têm um começo, meio e fim, nessa trajetória existencial. **Quem se dedica a observar a vida de longe, não pode dizer que viveu, pois, viver é sentir, expressar, interagir, reagir e permitir ser conhecido por outros.** Não se pode ensinar o que é a vida, pois cada Ser recebeu sua existência sob um aspecto diferente. Mas o que se pode saber sobre uma vida Plena é que, quanto mais eu me permitir ser tocado (a) por outras vidas, muito mais serei enriquecido (a) ...
Seja o motivo para enriquecer outros seres vivos.

Ressignificar 24

Desejo e Vontade levam em direção à Realização.

Só desejar, não basta, é preciso acionar a Vontade.

Os desejos nascem de uma necessidade latente...

As necessidades podem ser físicas, emocionais ou

espirituais, mas todas elas precisam ser monitoradas.

Nem todo desejo humano é bom, bem como nem

todas suas vontades serão atendidas ou satisfeitas.

Dito isso, avalie cuidadosamente os seus desejos e

suas vontades antes de colocá-las em prática.

Use a razão pra equacionar e peneirar os desejos e

vontades que você tem e assim poderás realizá-las.

O teu desejo será a tua vontade, a vontade os teus

atos, os teus atos teu destino. (Deepak Chopra).

Ressignificar 25

Dedico esse dia totalmente a mim, sei que mereço! Hoje, escolho livremente exercitar o meu direito de liberdade, sem qualquer culpa ou pesar, com as devidas responsabilidades que me cabem, é claro. **Vou respeitar minhas vontades e fazer tão somente aquilo que acredito ser o melhor nesse belo dia.** Quero ouvir o que diz minha intuição, a inclinação do meu coração, mas isso sem prejudicar ninguém. Prometo ser honesto (a) comigo e verdadeiro (a). Não vou me irritar com ninguém para manter a paz. Vou demonstrar meus afetos aos que estão comigo. Quero ouvir as pessoas sem me irritar com elas ou julgar seus comportamentos. A meta hoje é ser feliz!

Ressignificar 26

Nosso corpo reage ao que sentimos antes mesmo de uma ação física, sendo assim, faça sempre uma análise dos sentimentos e emoções, antes de agir. Tudo o que é demais, vai sobrar, derramar ou partir. Quem quer se manter equilibrado, e no controle de suas atividades mentais e emocionais, deve evitar sempre os extremos de qualquer situação na vida. As extremidades parecem muito mais atraentes e até empolgantes, mas o que a maioria não se dá conta é que ali também reside os índices perigosos. Ousadia e espírito de aventura, não tem nada a ver com se arriscar sem propósito, apenas por diversão. Só temos um corpo, então cuide dele com carinho!

Ressignificar 27

Se você quer se conhecer e poder compreender o outro, primeiro conheça a sua própria mente...
A mente humana é como um solo fértil e bruto, que necessita ser limpo e remexido pra retirar as pedras. Cada pessoa se destaca em determinadas áreas, uns melhores, outros nem tanto, mas isso é normal. Sendo cada pessoa única em sua essência, nada mais natural que cada experiência por ela vivida, seja também diferente, afinal, somos só sementes... Muito embora, o solo (mente) seja o mesmo, cada semente (ser humano), vai trazer à tona uma planta singular, a isso chamamos de identidade subjetiva. Dessa forma, você é resultado daquilo que semeia.

Ressignificar 28

O futuro e o passado são como portas fechadas.

Uma está atrás de nós, enquanto a outra à frente.

A porta do passado não precisa de esforço para

ser aberta, basta girar a maçaneta da memória...

Porém, a chave da porta do futuro é construída na

sala do momento presente a cada instante vivido.

Quem deixar essa chave ser confeccionada ao

acaso, sem qualquer interferência, será levado a

esmo sem qualquer direção e precisará de "sorte".

Muitos chamam esse processo de destino, porém,

foi uma ocorrência aleatória, que deu origem ao

fato e a pessoa não percebe que ela mesma criou.

Comece hoje a moldar as chaves do seu futuro...

Ressignificar 29

Quem quer ter sucesso na vida, deve ter disciplina e vai precisar organizar primeiro os seus pensamentos. Antes que um pensamento seja formado, foi preciso que chegassem até a mente, centenas ou milhares de informações através dos cinco sentidos. E assim, após inúmeras combinações, associações, junções e considerações, o cérebro formula o pensamento. Nosso inconsciente trabalha o tempo todo com os dados que chegam continuamente, e ele o faz de um jeito inexplicável e maravilhoso, organizando os detalhes um a um, respeitando sua individualidade. A repetição contínua de um dado, será registrado como aprendizado, portanto, preste atenção.

Ressignificar 30

A Excelência é conquistada quando se aprende escolher objetivamente com a menor margem de erros ou autoengano (negação de fatos reais). Para atingir a Excelência se faz necessário haver coerência, maturidade emocional e uma visão ampliada da existência do que é Ser, um humano. Isso significa que uma pessoa deve ser capaz de escolher, abrir mão ou persistir se for necessário, em nome dos princípios, valores e ética que a compõe. Excelência é ser simples e ao mesmo tempo ter um grau elevado de Sabedoria sobre o que é a Vida... Excelência busca por mais Excelência, num ciclo que vai transpondo o natural até o sobrenatural...

Ressignificar 31

A diferença entre o instinto animal e o ser humano, reside em que um deles, se guia pela sobrevivência, o outro segue mudando constantemente o mundo ao seu redor, facilitando e moldando seu estilo de vida, seus comportamentos e sua maneira de viver. Além disso, há uma insatisfação que o domina e o faz questionar quem é, de onde veio, para onde irá depois e qual o real sentido da existência humana. Essas e muitas outras questões, fazem parte da raça humana, que em detrimento dos animais, que sem qualquer preocupação com o passado, o presente, e o futuro, sequer sabem sobre a vida ou existência. Agradeça por sua existência e por saber quem és.

Ressignificar 32

Sentes o tempo todo desconfortos nas mudanças?
Bem-vindo ao crescimento e à maturidade do Ser.
Essas fases são preenchidas com conhecimentos e
uma aprendizagem contínua, que são responsáveis
e provocadoras dos sentimentos que trazem essas
sensações de ambivalências, gerando mudanças.
O crescimento do ser humano é o mesmo que a
metamorfose para as borboletas, moscas, besouros,
vespas, gafanhotos, cupins e outros... Isto equivale
dizer, que é um processo lento, gradativo e às vezes
extremamente doloroso. O que poderia ser visto tão
somente como sofrimento, é o evoluir e melhorar...
Portanto, não resista às mudanças, elas te elevam.

Ressignificar 33

Sucesso e felicidade... Por que não ter os dois?
A maioria das pessoas elegeram um pensamento
mesquinho e rígido, que não dá permissão para
opções variadas e possibilidades infinitas ao ser.
Tudo à volta parece condensar em dualidades:
Ou é preto e branco, ou é bem e mal, ou certo e
errado ou isso ou aquilo; numa neurose tal, que se
esquecem que o ser humano é projeto inacabado.
Ele ainda está em plena transformação, no vir a ser,
em que foi desenhado e muito longe de acabar...
E Sim, é totalmente possível ter sucesso e felicidade
ao mesmo tempo e não há nenhuma contradição.
Pense: Você é o que acredita Merecer, Ter e Ser.

Ressignificar 34

Para poder encontrar alguma coisa, é preciso que se tenha perdido, assim é com nossos sentimentos... Vivemos em um mundo de cobranças infinitas e de exigências cada vez mais insanas e egoístas, sejam nas amizades ou nos relacionamentos afetivos, etc. O que está acontecendo com as pessoas de fato? O avanço da ciência e da tecnologia, nunca foi tão grandioso, mas isso não aconteceu dentro do ser humano, ele parece estar regredindo ao invés de crescer em seus sentimentos, emoções e afetos. Em algum ponto da linha do tempo, o ser humano se perdeu e não voltou para encontrar o caminho. Respire fundo e descubra onde foi que isso ocorreu!

Ressignificar 35

Gastar mais tempo, não quer dizer fazer Melhor! Nem tudo exige um tempo excessivo para que possa ser executado, há coisas que precisam de uma organização dentro de um padrão assertivo. O tempo para o ser humano é precioso, já que ele dispõe de uma vida breve. Nesse ponto, é vital que ele saiba usar cada momento com precisão e não desperdiçar com futilidades ou em coisas inúteis... Do tempo não se pode abusar ou desconsiderá-lo. O tempo pode ser comparado à uma vela acesa e com a chama alta, o que a derreterá rapidamente. Portanto, trate e considere o tempo como um tipo de riqueza que precisa ser investido com cuidado.

Ressignificar 36

Conflitos gastam a energia vital e nos faz adoecer.

Quando tiver um momento de calmaria sente-se e

faça check-list de seus principais pontos de atritos.

Sua força interior não foi dada para ser usada em

coisas que não vão te conduzir a lugar nenhum...

Não acumule, nem adie situações que podem ser

solucionadas de imediato, isso rouba a paz interior.

Faça uma lista, coloque o que pode ser resolvido

em um dia, uma semana, um mês, um ano ou mais.

Carregue esse guia com você e comece a resolver

os problemas um a um, até que se acabem de vez.

Como diz um provérbio chinês: "Uma jornada de mil

léguas começa quando você dá o primeiro passo".

Ressignificar 37

Não há uma pessoa no mundo, que não goste de comer, mas uma boa parte das pessoas não sabem como se faz uma boa alimentação e os detalhes. Tente pelo menos uma vez que seja, ir para uma cozinha e fazer um prato, mesmo que seja simples. Nada mais ousado, generoso e expressivo do que a arte de saber cozinhar pra si e para outras pessoas. Cozinhar é doação espontânea, uma ação que traz à tona, cheiros e sabores que causam prazer. Quem cozinha é ciente da limpeza necessária, das medidas, senso e junções lógicas dos ingredientes. Cozinhar é um tipo de alquimia, a fusão de coisas diferentes que quando associadas, causam êxtase.

Ressignificar 38

O que realmente significa os sentimentos que são chamados de Amor, Paixão ou tão somente Afeto? Há quem diga que basta um olhar pra que alguém se sinta arrebatado (a) da apatia à um estado de transe flutuante de ondas múltiplas de emoções. Não dá para explicar sentimentos tão subjetivos em poucas palavras, mas há grande diferença entre o Amor e a Paixão, pois até a ciência pode explicar. Enquanto a Paixão é ativada quimicamente pelo próprio corpo, o Amor tem base na escolha, num ato racional e é uma opção lógica pelo envolvidos nessa relação, que pode chegar a ser apaixonante. De qualquer forma, sentir faz parte do ser humano.

Ressignificar 39

Diga "Não" com a facilidade que você diz "Sim".

Diga Não às Injustiças que ocorrem à sua volta.

Diga Não às Drogas que tem roubado tantas vidas.

Diga Não às Tristezas e ao abandono de Pessoas...

Diga Não à fome e as filas em Hospitais Públicos.

Diga Não ao sofrimento de Crianças abandonadas.

Diga Não às indiferenças com os idosos nos Asilos.

Diga Não ao preconceito de qualquer natureza.

Diga Não à corrupção e aos corruptos em geral.

Diga Não à qualquer tipo de Violência física ou...

Diga Não às mentiras e a falsidade nas relações.

Diga Não ao abuso sexual de qualquer espécie.

Mas Diga Sim, à Vida, ao Amor, à Amizade e a Paz.

Ressignificar 40

Existe elixires para o Corpo, Alma (mente) e Espirito.

Para o Corpo temos: Alimentos saudáveis, água, os exercícios físicos, dormir bem, usar a criatividade que estimula a mente gerando bem-estar, quando produz os chamados hormônios da "felicidade".

Para a Mente (Alma): Imaginar possibilidades, gerar sonhos, organizar pensamentos coerentes, ler muito, ajustar sentimentos e emoções, agir com sensatez, fugir dos estresses e praticar uma espiritualidade.

Para o Espírito: Buscar a consciência de si, respeitar a consciência do outro, favorecer o conhecimento, se relacionar afetivamente e concluir bons projetos.

Esses são alguns elixires que curam nossa existência.

Ressignificar 41

Pode até parecer incrível, mas as respostas que as pessoas buscam, quase todas, estão dentro delas. Então por que parece que ninguém as encontram? Encontrar respostas às perguntas que atormentam e preocupam os seres humanos, tem a ver com o autoconhecimento, algo que faz pouco tempo que se tem acesso e entendimento sobre essa temática. Autoconhecimento, é ter definição da identidade. É permitir se descobrir nas três dimensões de ser: Corpo, Mente e Espírito, enfrentando a si mesmo nos muitos espelhos espalhados pelo mundo, ou seja, se ver pela ótica das pessoas com as quais nos relacionamos diariamente e se aceitar. Permita-se!

Ressignificar 42

A Vida sempre será e responderá ao "Mais do Mesmo", isto é, aquilo que você acredita, pensa e fala, é exatamente o que vai acontecer, sempre. Bem, esse é o momento de verificar quais tem sido suas crenças, pensamentos recorrentes, modo de falar, de agir e como se posiciona diante da Vida... Palavras repetidas constantemente, dá ao cérebro a legitimação para executar o que está sendo dito. Não tem a ver com a ideia de pensar ou de falar coisas positivas ou negativas no dia a dia, como um mantra, mas com o fato de manter a mente numa só direção, pensando falando e agindo unânimes. Isso se torna uma lei. Nossa mente é só uma Usina.

Ressignificar 43

Transformando as suas dúvidas em ótimas certezas! Dúvidas, são sinais de alertas que nos avisam que precisamos urgentemente, fazer uma revisão ao que estamos prestes a concluir, ou mesmo decidir. Ouça a sua mente, antes de qualquer tomada de decisão ou posicionamento frente ao seu momento presente e principalmente, na direção do futuro. Quem escuta a si mesmo e não tem receio de pedir ajuda de bons conselheiros, vai errar bem menos. As dúvidas e receios que surgem no dia a dia, são como os freios de um carro que evitam as colisões. Transformar as dúvidas em certezas, é prestar mais atenção aos sinais de alertas que elas disparam...

Ressignificar 44

É preciso trocar e na maioria das vezes, é preciso jogar fora as muletas emocionais que utilizamos. Muletas são apoios temporários, mas não servem para a vida toda, exceto em casos gravíssimos. Como falamos de muletas emocionais, algumas delas são visíveis, outras não, porém, de qualquer forma ainda continuam sendo escoras para algo. Em condições normais, o ser humano foi dotado de inteligência para andar com suas próprias pernas, e nesse caso, equivale dizer, pensar e agir por si só. Ao longo da vida, a mente vai sendo treinada para vencer e superar todos os tipos de obstáculos que surgirem pelo caminho. Portanto, deixe as muletas!

Ressignificar 45

Na natureza se percebe que não existem acasos.
Tudo nela tem uma razão de ser e de acontecer.
Ela sustenta todos os seres vivos silenciosamente e
com uma precisão de deixar encantado qualquer
estudioso, pois o sistema nela inserido é perfeito...
**Pense: Quem é que alimenta os peixes nos mares,
rios e lagos, os animais terrestres, todos os pássaros,
os bilhões de insetos e de microrganismos e etc.?**
Se pergunte: Se por acaso o homem não estivesse
nesse planeta, os outros seres deixariam de existir?
Certamente que não. Afinal, eles não precisam dos
humanos para sobreviver, a natureza faz tudo isso.
Se observarmos a natureza vamos aprender Muito.

Ressignificar 46

Muitas coisas diferenciam os animais das Pessoas, e uma delas é a oração. A oração é uma oblação em voz alta ou silenciosa que exalta a soberania de um ente Superior que merece ser reverenciado.

Não é sábio ignorar o poder dessa fé e da oração...

Mas não se deve confundir isso com milagres, que é uma ação exclusiva do Ser Divino e que nada tem a ver com atividades ou desejos dos seres humanos.

A oração é um "diálogo" do espírito humano com o Espirito Divino, já os Milagres, são ações exclusivas do Ser todo Poderoso em favor dos seres mortais...

Dentre os seres vivos, os humanos são os únicos que tem consciência do sagrado em qualquer cultura.

Ressignificar 47

Saúde é o resultado entre uma conexão estável do corpo, mente e espírito. Mas quando essa conexão é falha ou está rompida, surgem então as doenças. Para os estudiosos do corpo e da mente humana, é fácil identificar quando está havendo deficiência nas dimensões do ser, pois tanto um como o outro, apresentam sintomas externos que evidenciam isso. É preciso conhecer bem o funcionamento de cada dimensão do ser humano pra facilitar o tratamento e a religação de pontos, que conectados, geram a saúde e permitem aos seres humanos ser quem são. Quem se abstém de qualquer uma das dimensões do Ser em detrimento de outra, atrairá as doenças.

Ressignificar 48

Corredor veloz, não carrega pesos desnecessários.

Então se queres ser mais rápido em suas ações, se

livre de tudo aquilo que é pesado ou te paralise.

Algumas coisas que podem impedir sua carreira:

1. Tentar agradar ou satisfazer todo mundo à volta.

2. Viver preso aos acontecimentos do passado.

3. Viver se fazendo de vítima ou bancar o bonzinho.

4. Pensar demais ou de menos e deixar de agir.

5. Gastar tempo e energia se explicando aos outros.

6. Deixar de conquistar alguma coisa por medo.

7. Viver se culpando de tudo e se manter pessimista.

8. Ser perfeccionista demais e exigir isso dos outros.

Conselho: Concentre naquilo que vai te favorecer.

Ressignificar 49

Nem tudo o que parece ser, é realmente um fato. Não sejas apressado em julgar ou criticar os outros. Coloque-se sempre no lugar da outra pessoa e tente ver todos os lados possíveis de uma situação. Existe a verdade pessoal, que diz respeito apenas a pessoa em questão, mas existem outras verdades que devem ser levadas em conta, assim como a verdade cultural, a verdade universal e a absoluta. Enquanto a verdade cultural se aplica a um grupo de pessoas, a verdade universal fala por todos os seres humanos, isto é, o nascer, viver, morrer, sofrer, sentir dor, ficar triste, ter prazer, fome, sono e enfim... A verdade absoluta, só se aplica ao Criador (Deus).

Ressignificar 50

Muitas pessoas simplesmente não conseguem sair do lugar e realizar seus objetivos, sonhos e projetos, porque não sabem definir aquilo que é prioridade. Tempo, é tudo o que o ser humano definitivamente, jamais poderá controlar, o jeito é saber usá-lo bem. Não se pode deixar de comer por muito tempo, de sentir frio ou calor, de tomar água, dormir e etc. Diante disso tudo, há coisas que precisam ser feitas naquele exato momento, depois seria muito tarde. Exemplo: Pense no andamento de uma música... Prioridades sempre vão andar no tempo presente. Mas sabemos que o tempo para nós, se divide em três momentos distintos: Passado, Presente e Futuro.

Ressignificar 51

O segredo de uma vida farta e abundante, é ser generoso (a), e compartilhar sempre com outros. Procure não ser egoísta, avarento ou individualista. Compartilhar é a maneira que a vida nos ensina a ser generoso (a), e a desenvolver a sensibilidade... Tudo na natureza é compartilhado, por isso não há falta de nada para os seres viventes desse planeta. Partilhar um bem ou mesmo uma tristeza, é dividir com o outro algo importante e que fará diferença. Os seres humanos progrediram e evoluíram, porque aprenderam a confiar uns nos outros, partilhando os seus sucessos e fracassos, tornando possível formar as sociedades e a se relacionarem, unindo forças!

Ressignificar 52

Escolha um dia no ano para ser realmente Especial.

Nesse dia você vai ousar gastá-lo fazendo apenas

elogios para cada pessoa que cruzar seu caminho.

Elogiar não é mentir, nem tampouco exagerar no

que será dito, é tão somente dizer uma verdade

sobre aquela pessoa, naquele exato momento.

Exemplos: Você parece muito bem hoje fulano...

Essa roupa lhe caiu muito bem, combina com você.

Nossa! Seu cabelo está diferente hoje, o que fez?

O trabalho que você apresentou estava ótimo!

Vi sua foto nas redes sociais e você estava incrível.

Não sabia que você tinha esse talento todo, e etc.

Veja o que acontecerá com você após fazer isso!

Ressignificar 53

Sucesso não tem idade, tamanho ou tempo para ser conquistado, ele vem como algo soprado num dado instante e às vezes a pessoa nem esperava. Quando se sonha com algo há muito tempo e se dedica a ele, é comum a pessoa manter-se tão focado no objetivo, que passa a fazê-lo de forma quase mecânica. Às vezes, até esquece que houve um ponto de partida e que existe a chegada final. Sonhar e desejar faz parte do ser humano em geral. Porém, sonhos que não se realizam, geram o vazio existencial e as frustrações, que levam à depressão. Então, não importa se você tem 20, 40, 60, 80 ou mais anos, continue acreditando nos seus Projetos.

Ressignificar 54

Como se cultivam os bons sentimentos na mente?
São os sentimentos e as emoções que geram os
nossos pensamentos e estes por sua vez, formam as
palavras e as frases que a seguir, se transformarão
em gestos e atitudes individuais. Mas se eles serão
bons ou ruins, vai depender de pessoa pra pessoa.
E nisso se inclui as experiências de vida ao longo do
caminho, percorridos por essas pessoas e como elas
lidaram com os afetos na infância e nos dias atuais.
Logo, cultivar bons sentimentos, tem a ver como
cada pessoa lida no dia a dia, com seus acertos,
erros, frustrações, compensações, ajustes e etc.
Não importa o dia, nunca deixe ele terminar Mal.

Ressignificar 55

Algumas mensagens precisam ser ressignificadas!

Diga: Escolho hoje me decidir e optar livremente.

Vou respeitar minhas vontades e fazer somente o que acredito ser o melhor para mim, ouvindo tão somente minha intuição, seguindo o meu coração.

Não vou com isso prejudicar outras pessoas, mas levarei em conta aquilo que for melhor para mim.

Serei honesto (a) comigo e não vou me enganar.

Não vou me irritar com nada e ninguém neste dia.

Vou demonstrar meus afetos reais a quem amo...

Quero ouvir as pessoas sem fazer julgamentos.

Farei tudo o que for bom, me fizer feliz e der prazer.

Que este momento seja inesquecível e memorável.

Ressignificar 56

O caminho do ser humano é diferente de todos os seres viventes do planeta, desde o seu nascimento. Embora o instinto maternal seja percebido também nos animais, é notável como na raça humana essa parte é incomparável nas mulheres com seus filhos. A fêmea homo sapiens, (homem sábio), por ser ela dotada de autoconsciência, se preocupa com o bem-estar de sua cria, mesmo antes de dar à luz... Prepara roupas adequadas para si e para o bebê, abre espaço na casa para receber a criança, e se tem condições financeiras mais elevada, haverá uma organização diferente, segundo o seu status. Os animais apenas vivem, os homens se organizam.

Ressignificar 57

Há pessoas que por falta de conhecimento ou de estudos aprofundados não sabem exatamente o que significa a palavra Magia e confundem-na apenas com feitiçarias, bruxarias e práticas ocultas. A palavra em si tem a ver com efeitos e fenômenos sobrenaturais (contrárias às leis naturais), e ocorrem em quase todas as religiões as quais acreditam em milagres, no sobrenatural e coisas extraordinárias... Portanto, a Magia das coisas e a Magia nas coisas, tem uma longa história dentro da raça humana e realmente está associada ao Sagrado ou Profano para os seres humanos. Logo, a Magia em si, não é Sagrada e nem Profana, mas as pessoas, o São...

Ressignificar 58

Todo dia é uma oportunidade a mais de melhorar
ou piorar como ser humano. A escolha está dentro
de cada pessoa e passa pelo processo de optar.
Mas quantos querem ouvir sobre isso e praticar?
Se estamos nessa vida para aprender a ser uma
pessoa melhor, então por que é tão difícil aceitar?
Embora, a humanidade tenha evoluído na ciência
e tecnologia mudando aspectos do planeta com
construções elaboradas e máquinas gigantescas,
quando se fala em relacionamentos interpessoais,
ainda estamos distantes de ser aquilo que o grande
Arquiteto do universo planejou para suas criaturas...
É hora de acordar desse longo sono e Ressignificar.

Ressignificar 59

Descubra as forças que te regem e serás o dono do teu destino e escritor de tua própria história de vida. Mas como fazer isso? Analise os Questionamentos:

- Você é alguém que sabe lidar com o inesperado?

- Como é seu relacionamento com as Pessoas?

- O que você faz para alcançar seus objetivos?

- O que você pensa sobre Dinheiro, Fama e Poder?

- Qual sua definição de fé, Amor e da Esperança?

- Sabes a diferença entre a Justiça e a Vingança?

- Qual o seu grau de Generosidade x Egoísmo?

As respostas à essas questões vão revelar alguns dos problemas que podem te impedir de crescer como pessoa, por isso, siga lendo as páginas seguintes...

Ressignificar 60

O que significam as palavras: Lidar e Preservação?

É algo que nasce com os seres vivos em geral.

Ao contrário dos animais que se preservam apenas com o instinto da sobrevivência básica do corpo físico, os seres humanos vão muito além, pois são capazes de analisar fatos passados e assim evitam que aconteçam novamente. Sendo inteligentes, os humanos, aprenderam ao longo dos anos a fazer projeções prevendo outras ocorrências no futuro.

A exemplo disso, vemos a capacidade de estocar alimentos, remédios, roupas, se curar de ferimentos, evitar doenças, preservar a arte, a cultura e outros conhecimentos adquiridos por gerações anteriores.

Ressignificar 61

Diga, como é seu relacionamento com as pessoas? A maneira de se relacionar com as pessoas à sua volta, diz muito a seu respeito e mostra aspectos de sua personalidade, dos temperamentos e caráter. Responda essas questões colocadas logo abaixo: Como é seu relacionamento com seu pai e mãe? Como é seu relacionamento com irmãos e amigos? No trabalho, o que as pessoas dizem sobre você? Como se comporta com seus líderes ou liderados? Como você se relaciona afetivamente no geral? E na espiritualidade, você é dedicado e presente? Faça uma lista e enumere os pontos negativos da sua relação com as pessoas, e busque Melhorar!!!

Ressignificar 62

O que faz quando quer alcançar seus objetivos?
Para alcançar os objetivos e prosperar naquilo que
se propõe, não quer dizer que será feito da forma
correta, pois muitas pessoas atingem essas metas,
sem usar a honestidade e disciplina. Sucesso real é
alcançado pelo caminho da legalidade e trabalho.
O ser humano tem muitas possibilidades de crescer,
e se tornar alguém próspero, e isso não se aplica
apenas ao financeiro, mas também nas amizades,
nos projetos pessoais, na saúde física, mental e etc.
Portanto alcançar metas e objetivos, além de exigir
uma metodologia, um cronograma, persistência e
disciplina, é uma amostra da nossa potencialidade.

Ressignificar 63

O que você pensa sobre Dinheiro, Fama e poder?

Dinheiro: É um bem material de compra e venda, uma forma de pagamento feita em papel, títulos ou moedas, que são emitidos por um governo ou nações, para facilitar os negócios entre as pessoas.

Fama: É um adjetivo usado para quem tem muito prestígio, notoriedade, reconhecimento, ibope, popularidade e que é considerado (a) celebridade.

Poder: Condição específica de autoridade dada ou conquistada por uma pessoa, instituição ou uma nação, por ter realizado algo original que legitimou tal "Poder" e os demais deverão se submeter...

"Somos parte daquilo que buscamos e desejamos".

Ressignificar 64

Qual a sua definição para Fé, Amor e Esperança?
Essas três palavras, faz muito sentido para pessoas
que têm uma espiritualidade definida e a pratica.
No entanto, a fé em si mesma é uma palavra que
se aplica a uma condição de quem acredita em
alguma coisa, e não tem a ver apenas com uma
crença religiosa. Se você acredita em alguém ou
em um acontecimento, isso é ter fé, ou seja, Crer.
A palavra Amor, no entanto, apesar de ter várias
facetas, a grande maioria das pessoas, conseguem
compreender naturalmente esse sentimento ou a
expressão usada numa frase. Amor é algo Universal.
Esperança: Acreditar em algo que ainda não veio...

Ressignificar 65

Você sabe a diferença entre Justiça e Vingança? Parece óbvio quando se pergunta, mas no decorrer do discurso, percebe-se que as pessoas não sabem realmente a distinção que existe entre uma e outra. Justiça: Quer dizer "Na Medida Certa", ou seja, Nem mais, Nem Menos". Porém, dentro da lei e da sociedade, isso terá outras configurações, arranjos, compreensões, argumentos que podem distorcê-la. Vingança: Busca revidar comportamentos, atitudes ou atos lesivos contra si ou pessoas do seu convívio. A vingança é carregada de ódio, de rancor e uma vontade imensa de gerar dor e sofrimento no outro. Justiça corrige um Erro. Vingança comete um Erro.

Ressignificar 66

Qual é o seu grau de Generosidade x Egoísmo?

Para saber onde alguém se situa entre essas duas

propostas generoso (a) ou Egoísta basta responder:

- Gosta de compartilhar coisas boas com os outros?

- Doa coisas ou dinheiro para causas sociais e afins?

- Respeita sinais de trânsitos e vagas preferenciais?

- Oferece caronas aos seus amigos e conhecidos?

- **Reparte proporcionalmente os alimentos à mesa?**

- Sabe ouvir pacientemente às pessoas a sua volta?

- Tem a humildade de se desculpar quando erra?

- Sabe receber uma crítica sem perder o controle?

- Fica feliz por um amigo alcançar uma promoção?

Essas são apenas algumas questões pra se analisar.

Ressignificar 67

Saia da zona de conforto para se conhecer melhor.

Ouse Fazer, se Deslocar, se Permitir e Experimentar...

- Se nunca comeu, prove um pouco (Alimentos).

- Pegue um bebê no colo, experimente a sensação!

- Tenha um animalzinho de estimação e cuide bem!

- Volte à algum lugar onde viveu parte da infância.

- Aprenda a ouvir as mensagens vindas do silêncio.

- Na dúvida, siga sua primeira intuição, será melhor.

- Faça parte de uma comunidade de ajuda Social.

- Reúna os amigos sempre que puder pra socializar.

- No trânsito, seja educado e amável com todos...

- Releia um livro ou assista um filme novamente.

Movimente-se na direção daquilo que te faz Feliz...

Ressignificar 68

Aceitação de si mesmo e do outro, é um Processo.

Essa é uma palavra chave para quem quer ter uma autoestima elevada e equilíbrio emocional na vida.

Esse processo começa quando a pessoa permite se ver e perceber com nitidez, seus defeitos e virtudes.

Atitudes que favorecem a aceitação de si mesmo:

- Não se culpar e nem se responsabilizar por tudo.

- Se dar mérito e crédito quando fizer algo de bom.

- Reconhecer seus erros e se preciso pedir perdão.

- Mudar o que for possível e aceitar o que não der.

- Ser disciplinado e organizado em tudo que fizer.

- Não se comparar a ninguém, todos são únicos.

Entender que a aceitação vem gradativamente...

Ressignificar 69

A derrota, a perda e o fracasso são temporários...

Como reverter uma situação de aparente fracasso?

- Redefina cada movimento feito e veja onde errou.

- Ao elaborar um novo projeto, descanse uns dias.

- Antes de recomeçar, analise bem cada detalhe.

- Reorganize tudo e estabeleça os novos objetivos.

- Avalie suas forças e habilidades e recomece daí...

- **O sucesso começa quando se sabe para onde ir.**

- Pense e se autorize: Agora vá lá e vença fulano...

- Faça um quadro mental da sua atuação futura.

- Todos os dias repita a si mesmo: Sou Vencedor!

- Acrescente uma hora a mais de trabalho diário.

Sucesso é o nome dado à disciplina e a constância.

Ressignificar 70

Amadurecer e crescer, depende muito da maneira como uma pessoa lida com os conflitos inevitáveis... Não há como viver sem conflitos, mas é preciso que se saiba que até para eles, existem regras válidas. Como se deve lidar com os conflitos no dia a dia?

Primeiro: Antes de enfrentar um conflito, certifique-se de que é preciso entrar nele e se pode vencê-lo.

Segundo: Analise os reais motivos para esse conflito. É justificável? Se reverterá em benefícios posterior?

Terceiro: Verifique quanto tempo vai durar, quanta energia exigirá pra vencer e vantagens que obterá.

Conclusão: Coloque todos os conflitos na linha do tempo, se demandar excesso temporal, fuja dele!

Ressignificar 71

Temperamentos falam dos humores do ser humano.
E se tem um estado de humor muito conhecido das
pessoas, é a tristeza. Basta olhar bem alguém e já
se sabe que está triste; em contrapartida, o mesmo
se dá com a alegria. Então, vamos entender esses
estados de humores tão comuns à raça humana...
Não confunda tristeza com depressão, que é uma
doença de raízes profundas numa série de dilemas.
A tristeza é um estado passageiro em decorrência
de um determinado acontecimento ou situação...
Tristeza é como ter sede, ou seja, a sensação que
algo está faltando em si. Porém, basta o quadro
atual mudar e tudo volta ao normal e é só alegria!

Ressignificar 72

Nem tudo depende apenas do seu esforço físico. Antes de executar qualquer projeto ou trabalho é preciso planejamento, organização e um objetivo. O esforço nesse caso, não se trata da força que se usará na execução do tal programa em questão. Até que porquê o esforço é uma palavra que já envolve o físico e mental (emocional) no conjunto. Logo, qualquer atividade que venhamos a fazer, tem que levar em conta que empregamos nela mais que a força visível. Entrou no processo, nossas emoções, sentimentos, comportamentos, gestos, movimentos calculados e uma consciência clara do que se está executando. Portanto, cuide-se...

Ressignificar 73

Amor, um sentimento venerado entre os Humanos...
Confundido com outras formas de afetividades e
sentimentos; fazer distinção entre eles, facilitará a
compreensão e a aplicação certa em cada caso.
Amor Ágape: Tem sentido universal, é aquele que
todos aspiram ter e sentir. É o amor incondicional.
Eros: Fala do tipo de amor em que há uma atração
física muito forte e apaixonante, (Paixão e fogo).
Philia (no grego): Amor virtuoso e desapaixonado.
Amor fraterno: O amor entre família e irmãos de fé.
Philautia: Amor-próprio, "o contrário do Ágape".
Pragma: Amor Prático. Foco: Dever e Compromisso.
Ludus: Divertido, sem as cordas do Eros ou Pragma.

Ressignificar 74

Para elucidar os tipos de Amor mencionados na página anterior, será explicado agora, um a um, com detalhes específicos sobre cada sentimento.

O Amor Ágape é uma palavra de origem grega. Ágape, evidencia o amor que se doa por inteiro. É o amor incondicional, o amor que se entrega. A expressão ágape, foi usada de várias maneiras diferentes entre os gregos e até por filósofos como Platão. Ele é muito citado em passagens da Bíblia, em cartas, em correspondências entre amigos e ainda é usado assim nos dias atuais. Um exemplo claro disso, se dá quando ainda é usado no início de um texto ou de uma carta a palavra "prezado".

Ressignificar 75

Eros: Primeiramente, é um sentimento que é muito confundido pela maioria das pessoas, que pensam se tratar do Amor Ágape. Por sua intensidade e um caráter impulsivo, leva quem está sob seus domínios a ter atitudes inesperadas e até descontroladas... Eros é o tipo de "amor" por assim dizer, com uma linha romântica exagerada, além de apaixonante. Ele é caracterizado pelo romance, pela paixão e pelo desejo intenso, além de estar associado ao prazer quase viciante, à atração física e ao sexo. Eros expressa um amor "sexual", um sentimento de alta excitação e desejos intensos compartilhados fisicamente pelas pessoas envolvidas nessa paixão.

Ressignificar 76

Philia em grego, foi retirado do tratado de Ética a Nicômaco de Aristóteles, cujo termo é traduzido geralmente como "amizade", e às vezes também como "amor". Aristóteles discutia que há três tipos de philia, quando "nem tudo é amor, mas, somente o cativante, seja ele bom ou agradável ou útil". Aristóteles, dizia que podemos assim distinguir entre:

Philia baseada na vantagem mútua (amor útil).

Philia baseada no prazer mútuo (amor agradável).

Philia baseada na admiração mútua (amor bom).

Estes tipos não são mutuamente exclusivos, mas podem se sobrepor. O terceiro tipo é tido como o melhor dos três, mais durável e o melhor a si mesmo.

Ressignificar 77

Amor Fraterno, é um sentimento de carinho muito forte, de dedicação, de interesse pela figura do outro, gerando sentimentos positivos e construtivos, podendo em certos momentos, levar o indivíduo a fazer grandes sacrifícios, que só seria capaz de fazer por ele mesmo. Esse é o sentimento de dedicação absoluta, sem interesse, que não seja o fazer o bem, sem pedir algo em troca. Estes sentimentos ligam as pessoas por laços familiares, religiosos ou patrióticos. O amor fraternal valoriza a confiança mútua e são relacionamentos tranquilos, afetuosos, duradouros, estáveis, profundo e altamente compromissados.
O Amor fraternal é regido por afinidades e empatia.

Ressignificar 78

Philautia: Esse é o tipo de amor ou sentimento com significados complexos, que ainda precisa ser bem investigado com relação ao conceito da palavra.

Um último amor conhecido pelos antigos gregos era philautia, amor-próprio ou amor que temos por nós. Esse amor faz sentido se analisarmos, pois, quando o relacionamento com nós mesmos é forte, todos os outros amores em nossas vidas irão se encaixar.

A Philautia tem duas formas: O falso amor-próprio: Arrogante, narcisista, sedento de poder e dinheiro.

A Philautia caracterizada pela Autoestima Saudável gera confiança e o compromisso de cuidar de nós mesmos e dos outros, espalhando o amor a todos...

Ressignificar 79

Pragma: É o sentimento ou tipo de amor baseado na dedicação ao bem maior. No amor pragmático, o romance e a atração são separados às vezes, em favor de metas compartilhadas e compatibilidades. É o tipo de amor muito visto em certos casais que se formaram a partir de um casamento arranjado ou aliança política. Ele inspira os casais a fazerem esse relacionamento funcionar por causa dos filhos. Pragma é o tipo de profundo amor e compromisso, que leva as pessoas a fazerem a coisa correta. Relacionamentos que começam em Eros ou Ludos, podem evoluir para Pragma, quando essas formas simples de amor são insuficientes para sustentá-los...

Ressignificar 80

Ludus: É o oposto de Pragma, embora, muitas vezes possa crescer para o outro à medida que o tempo e as circunstâncias mudam. Ludus é uma forma de amor e amar divertidamente, voltada ao lúdico e ao imaginativo, onde nada é levado muito a sério. É definido por brincadeiras, festas, alegrias e a falta de compromissos. É o tipo de "amor" que se sente por um estranho ao dançar ou quando se namora um colega de classe. Um contraste se comparado a dedicação que caracteriza o amor pragmático. O único objetivo partilhado de Ludus é o prazer. Ludus é divertido, porém, não dura, com o tempo desaparece ou cresce em direção a Eros ou Philia.

Ressignificar 81

Agir ou reagir? Sabendo que a Ação traz Reação... Primeiro deve se levar em conta que o agir e reagir pode ser algo bom e não só situações divergentes. O mundo da atualidade tem se mostrado cada vez mais agressivo, seja em atitudes, palavras nas redes sociais, ataques corporais e verbais numa discussão familiar, no trabalho ou até em torcidas desportivas. Parece que a tecnologia avançada, deu aos seres humanos a falsa sensação de que ele pode quase tudo, quando tem um dispositivo digital nas mãos... A tecnologia por si só, não é boa ou má, é somente um instrumento dependente da ação humana que o possui. Aja sempre com Amor e Responsabilidade!

Ressignificar 82

"Meus relacionamentos dizem muito sobre mim".
Se relacionar com o outro (a), é uma tarefa difícil
que exigirá respeito mútuo, a fina compreensão das
diferenças latentes em cada um, e ainda assim, se
arriscar a estar sempre por perto para desenvolver
os laços que podem ser uma boa amizade ou algo
muito além disso. Relacionamentos são as estrelas
guias que nos acompanham nesta vida terrena.
Pergunte-se: Como me vejo e como me percebo?
O que penso realmente a respeito de mim mesmo?
As respostas a essas questões mostram como será
nossos relacionamentos com as pessoas ao redor...
O autoconhecimento é a chave para se relacionar.

Ressignificar 83

Você sempre vai terminar da forma como escolheu seu início em qualquer projeto, sonhos ou atuações. A vida é um compromisso que obedece dinâmicas já inseridas em nosso DNA, portanto, não há como fugir de certas coisas que precisamos executar... Você já se perguntou: De onde vim, por que estou aqui, qual minha missão e para onde estou indo? Viver sem ao menos ter se questionado isso uma única vez, é no mínimo não ter noção do que é a existência humana nesse planeta lindo e perfeito! A "filosofia" do acaso vai ter problemas sempre que se atrever a explicar nossas digitais individuais e as diferenças gritantes entre os animais e os humanos.

Ressignificar 84

A rotina diária é o roteiro Divino para o nosso evoluir e amadurecimento como seres semelhantes a Ele... Viver é estar constantemente aprendendo alguma coisa nova, que nos leva ao aprimoramento de nós mesmos e consequentemente, de quem está perto. Uma sociedade como temos hoje só foi possível por conta de uma rotina e uma disciplina sistemática, por parte de pessoas que não tiveram medo de se permitirem acreditar que juntos eram mais fortes... Ao contrário dos seres humanos, pode se observar que os animais continuam sendo e fazendo aquilo que faziam há milhares de anos, sem se dar conta. Benditas sejam, a rotina e a disciplina dos humanos.

Ressignificar 85

Somos senhores ou escravos de nós mesmos, isso só depende daquilo que falamos ou fazemos, por isso, pense antes de falar ou agir. As atitudes vão gerar consequências boas ou ruins em qualquer situação. Autocontrole é a palavra que melhor se encaixa numa pessoa que tem equilíbrio comportamental e emocional e certamente ela terá mais chances de sucesso em tudo o que escolher fazer ou aprender. Dentro de cada pessoa moram dois inquilinos, um deles é o sábio, prudente, equilibrado e criativo. Porém, o segundo é visceral, imediatista, irritativo, pouco inteligente, sempre buscando facilidades. Dica: Dê atenção e liberdade ao primeiro deles...

Ressignificar 86

Reavaliando as preferências e os gostos pessoais.
Sabemos que gostar, apaixonar ou amar alguém,
está alinhado com a percepção individual e uma
soma de preferências subjetivas, não mensuráveis.
O ser humano é uma caixinha de surpresas, tanto
nas suas escolhas como nas decisões que toma.
Com relação aos seus sentimentos, não é diferente.
Por que gostamos de uma cor e não de outra?
Por que um prato é o nosso preferido e outro não?
Assim é com um certo cheiro, um toque, uma visão,
uma música, um lugar, um livro e até com pessoas.
As mudanças pelas quais os seres humanos passam,
os tornam cada vez mais singulares e excepcionais.

Ressignificar 87

A doença, a dor e o sofrimento tem uma linguagem silenciosa que se ouvida com atenção, pode nos mostrar o caminho de volta a saúde física e mental. Embora, o corpo humano esteja exposto a inúmeros perigos, enfermidades e microrganismos, devido as constantes variantes climáticas ou ambientais, sabe-se que uma porcentagem significativa vem das doenças emocionais, chamadas comumente de somatizações. Mas o que são as somatizações? As doenças emocionais ou somatizadas, originam na Alma (mente), são sentimentos e emoções que reprimidos de modo errôneo, feriram as fronteiras entre o corpo, a alma e o Espírito de uma pessoa.

Ressignificar 88

Comparação entre coisas são permitidas, mas com relação às pessoas é um veneno letal, que pode matá-las aos poucos, destruindo sua identidade. Uma pessoa sem sua identidade, não é mais que um animal vagando à deriva, apenas existindo... Como entender pessoas que ainda insistem em fazer comparações entre um ser humano e outro, sendo que nem em nossas digitais somos iguais. Que existam pontos de semelhanças básicas entre os seres humanos, é fato, mas isso seria apenas um dos recursos da vida para fins de reparos corporais. A individualidade de um ser humano é indiscutível. Analise seus comportamentos, dons, escolhas e etc.

Ressignificar 89

Investimento, é uma palavra fabulosa se colocada em um contexto psicoemocional e aplicada numa aprendizagem com foco em autoconhecimento. Ninguém sabe a carga de inteligência que os seres humanos trazem dentro de si e quais as dimensões de suas potencialidades. Portanto, não deixe que ninguém te menospreze e tampouco te desvalorize diante de quem quer que seja. Somos seres em desenvolvimento numa construção continuada...
A questão tempo interno de cada pessoa, é um mistério para estudiosos e pesquisadores da área. Por isso, se dê muito valor e permita se conhecer e descobrir suas reais capacidades e inteligências...

Ressignificar 90

Todos deveriam saber onde estão as linhas de seus limites emocionais, corporais e mentais para que pudessem expandirem ou recuarem dentro de seu espaço - tempo. Limites não são obstáculos e sim uma margem de segurança que facilita uma ação. Quem conhece seus limites, respeita os dos outros. Limites, mostram como estamos emocionalmente:

- Como estão seus limites na alimentação?

- E os seus limites aos horários de dormir e levantar?

- **Sabes os limites de como, quando falar e ouvir?**

- **E os limites de quando seguir em frente ou parar?**

Não confunda limites, com limitações, pois um se trata de fronteira e o outro denota um ponto frágil.

Ressignificar 91

Quem se expõe ao mundo deve estar pronto tanto para ser visto, como a enfrentar os julgamentos... Quem se propõe a executar projetos e sonhos, tem que se preparar para ser alvo de falatórios, opiniões e posicionamentos que nem sempre serão justos... A maior parte que irão te questionar e desacreditar seus atos, são quase sempre os que nada fazem de interessante para o mundo e muito menos deixam algo de produtivo e marcante às gerações futuras. Não se pode abandonar sonhos ou projetos só por medo de ser alvejado pelos inquisidores mordazes. Quem fica a observar os ventos, não semeia e logo, não colherá, diz o provérbio Bíblico. Então prossiga!

Ressignificar 92

Entenda suas emoções e tire proveito de uma parte
muito interessante que reside em você e é a causa
de fazer com que sua vida tenha um sentido maior.
As emoções são como aspirar os ares límpidos das
altas montanhas ou de uma plantação de pinhos.
São elas as responsáveis por aquela onda invisível e
adocicada que invade o ser de uma pessoa e a faz
suspirar fundo, sem sequer ter percebido que o fez.
Porém, as emoções não são só agradáveis, elas
podem vir carregadas de medos e inseguranças.
Há emoções que podem ser aterrorizantes a ponto
de paralisar, causando ansiedade, pavor e tristeza.
Cuide das emoções, elas são termômetros internos.

Ressignificar 93

A confiança é um aspecto da personalidade que pode ser fortalecido gradativa e constantemente. Confiança, não tem a ver com acreditar nos outros e nas coisas à sua volta, e sim com a capacidade de se sentir seguro (a) para fazer o que se deseja ou decidir situações que envolvem diretamente a vida. Confiar exige que se reordene a forma de pensar e de agir, pois ela tem a ver comportamentos que se repetem com frequência. Exemplo: Se você faz o mesmo caminho todos os dias até à sua casa ou trabalho, a tendência será não mudar, por causa da confiança gerada em conhecer detalhes do percurso. Mudar conscientemente gera confiança.

Ressignificar 94

Invista pelo menos cinco minutos diários e reavalie seus comportamentos, modo de agir e pensar, para evitar se intoxicar e não prejudicar o seu financeiro, o trabalho, os amigos ou até seu afetivo (amoroso). Faça um check-list (lista de verificação) para saber como anda seus comportamentos, atitudes e falas:

- Vê sempre defeitos ou critica as outras pessoas?

- **Vive se comparando a outros quanto ao sucesso?**

- Sente raiva quando alguém alcança um objetivo?

- Já sabotou alguma pessoa por sentir inveja dela?

- Tentou obter vantagens bajulando uma pessoa?

Esses são só algumas coisas que podem envenenar e servir de empecilho às suas conquistas e objetivos.

Ressignificar 95

Acorde pra vida, pois o mundo não te deve nada...

Essa é uma frase difícil de aceitar, mas, libertadora!

É fato que muitas coisas acontecem aleatórias e

acidentalmente sem que a pessoa tenha alguma

responsabilidade ou participação no episódio...

Porém, mesmo nesses acontecimentos inevitáveis,

será preciso tomar decisões e atitudes, que são as

responsáveis diretas de como será o seu futuro...

Mesmo diante dos problemas corriqueiros da vida,

tudo depende da forma como vamos agir depois.

Portanto, ao invés de reclamar, paralisar, enfurecer,

buscar um culpado, erga a cabeça e siga adiante.

A vida premia os ousados, os corajosos e flexíveis...

Ressignificar 96

E se a vida fosse um cronograma invisível pra nós?

E se houvesse alguém anotando nossas atitudes e

comportamentos quer fossem assertivos ou não?

Como reagiríamos e nos posicionaríamos a isso?

Percebe que ser quem somos e ter o livre arbítrio é

mais complicado, se analisarmos as questões acima

na perspectiva de Responsabilidade = Liberdade?

As pessoas amam a palavra liberdade, mas jamais

associam-na à responsabilidade, parecendo que

elas sejam distintas, o que na verdade é o contrário.

Nunca saberemos o mistério da vida dada a nós...

De qualquer forma, seria inteligente da nossa parte

se agíssemos como se alguém estivesse anotando...

Ressignificar 97

Leia as afirmações e identifique do que se tratam.

Ter um objetivo definido, autoconfiança e foco...

Há diferença entre desejo de ter algo e poder tê-lo.

Imaginar, sonhar, mentalizar e montar um projeto.

Nunca espere para resolver o que for prioridade.

Comece tudo o que fizer, com muito entusiasmo!

Atente: Não faça mais do que foi pago para fazer...

Ser educado e agradável, não é ser manipulável...

Seja preciso como uma régua nas suas atitudes.

Distinga a palavra cooperação de aproveitamento.

Concentre-se nos seus objetivos, custe o que custar.

Se estiver atento às coisas que acontecem ao seu redor, percebeu que as frases são para ficar alerta.

Ressignificar 98

Tudo o que vale a pena, tem Valor e não Preço...

Preço é um tipo de valor concebido por um perito.

Preço é a quantidade de dinheiro que uma pessoa precisa desembolsar pra ter um produto ou serviço.

Esse preço é alcançado após uma análise fria do produto, dos gastos, da demanda do mercado, da sua utilidade e durabilidade, da oferta e procura...

Porém, o Valor só se alcança após uma experiência de calor da vida, na troca de cooperação mútua, de solidariedade e no caminhar juntos aos demais.

A diferença entre um e outro, pode-se dizer assim:

Preço é o que é subtraído quando você faz uma compra, mas Valor não se retira, ele é permanente.

Ressignificar 99

De vez em quando é preciso Parar e Descansar...
O mundo atual nos coloca num redemoinho de
acontecimentos e informações que mal damos
conta de entender e absorver. Mas por que nunca
perguntamos o que nos leva a agir como robôs,
sem se sequer questionar a razão de tudo isso?

Temos 24 horas por dia, que são divididos em três
partes bem distintas para a maioria das pessoas:
08 horas de sono, 08 horas de trabalho e 08 horas
que serão divididas em: Alimentar-se, traslado do
trabalho para casa e de casa para uma escola ou
reunião, encontros pessoais, internet, televisão ou...
Mas afinal, qual será a nossa real missão na Vida?

Ressignificar 100

Existe dentro de cada ser humano, impulsos e forças que os empurram, ora para o céu e às vezes para um precipício, se usadas de maneira equivocadas.

Essas forças não são boas ou ruins em si mesmas...

- A Força instintiva da autopreservação (sobreviver).

- A Força do poder financeiro (Ter muito dinheiro).

- A Força da fama e da notoriedade (influência).

- A Força da sexualidade (impulso sexual - libido).

- A Força e o sentimento de vingança (primitivo).

- A Força de uma paixão descontrolada (doentia).

- A força de uma religiosidade levado ao extremo.

Há muitas forças desconhecidas que estão dentro dos seres humanos e todas precisam de controle.

Ressignificar 101

Somos todos dotados de talentos, capacidades e habilidades que nos diferencia de todas as outras criaturas do planeta. Mas essa autoconsciência e inteligência nos faz ter muitas percepções que nos colocam num alerta tal, que se em tornam Medos.

Vamos analisar alguns medos comuns a maioria:

O Medo da morte, deve ser um dos maiores deles.

O Medo da doença ou de se tornar um aleijado.

O Medo de perder quem se ama (pra a morte ou).

O Medo de ser criticado e rejeitado por outros (as).

O medo de envelhecer, de perder o autocontrole.

O medo da pobreza e de não ter subsistência...

Esses medos são um veneno para a autoconfiança.

Ressignificar 102

Seja sim um colecionador obsessivo, mas de coisas que não prejudicarão os outros e nem a si mesmo... Colecione todas as possibilidades de alegria que perceber à sua frente, não deixe nenhuma chance ou oportunidade passar, sem que você a deguste... Que sejam as festas, piqueniques, passeios com os seus amigos e parentes, uma noite dançante, um jantar num lugar aconchegante, uma conversa em um jardim ou mesmo uma caminhada combinada. Aprenda a cozinhar, tricotar, tocar um instrumento musical, uma língua diferente ou mesmo a dançar... Tudo isso proporciona grandes motivos de alegria. Não espere pela felicidade, seja o promotor dela!

Ressignificar 103

Não module seu senso de busca e corrida atrás de
coisas que vão sempre faltar, acabar ou quebrar.
Há momentos que precisamos relembrar as coisas
boas que nos aconteceram ou que nos fizeram...
É aquele tempo precioso que vamos só agradecer.
Gratidão é uma atitude de coração que se parece
com um imã que atrai mais e mais, a felicidade.
Ser grato pode se tornar um hábito maravilhoso que
nos tornará cada vez mais generosos e bondosos.
Uma pessoa grata percebe beleza em tudo à sua
volta, seja num novo dia, no milagre da vida que
pulsa em cada ser vivo e até no ar que se respira.
Um coração grato vibra para Deus, e Ele responde!

Ressignificar 104

É hora de preparar as boas terras do seu coração.

Até os passarinhos sabem o poder das estações e

quando devem construir seus ninhos para procriar...

Nosso coração é um solo fértil que também deve

ser preparado para receber nossas boas sementes.

O preparo desse solo sagrado começa quando nós

fazemos primeiro o que é mais difícil, o que vai exigir

mais tempo e atenção, só depois vem o mais fácil.

Mas que sementes se planta no coração humano?

Quando se fala em coração, na verdade está se

referindo à mente. A mente é quem formula as

informações recebidas pelos nossos cinco sentidos

e os condensa em aprendizado que viram atitudes.

Ressignificar 105

A vida é um constante acordar e adormecer todos os dias para uma nova etapa e propostas a realizar. Como na lenda da fênix que todos os dias renasce, assim devemos encarar essa existência no planeta. A maioria das pessoas, tem dificuldades em lidar com sentimentos, emoções e principalmente, com as palavras mudança, aprender e recomeçar... Esse comportamento é típico nas pessoas que ao longo da vida tiveram experiências negativas, que geraram dores e sofrimentos, então, tentando evitar situações dessa natureza, construíram uma casca endurecida para não reviver o martírio novamente. Crescer envolve dor, mas traz realização e sucesso.

Ressignificar 106

Ouse abrir os armários da sua alma e escolher os instrumentos emocionais para cada novo dia ou para cada situação inesperada. Afinal, a alma tem uma infinidade de recursos ao seu dispor, use-os... Quem tem medo de ousar, de sonhar e realizar novos projetos ou tentar coisas novas, aos poucos vai atrofiando sua inteligência e suas habilidades. O que a maioria das pessoas desconhecem ou não sabem, é que o Criador colocou dentro de cada ser humano, uma mensagem especial, para que fosse dividida entre os demais viventes dessa terra. Não ignore seus dons e talentos, eles estão dentro de você para colaborar no grande projeto Divino.

Ressignificar 107

A única maneira de não ter medo de nada, é estar preparado para tudo aquilo que venha acontecer. E como fazer para encarar todos esses medos? O medo em si nada mais é que um tipo de freio emocional, que nos impede de fazer coisas loucas. Quando se reprime demais os desejos, as vontades e a curiosidade desde a infância, sem questionar; ou por ter recebido e acatado milhares de "nãos" por parte dos adultos, nos tornamos intimidados e pouco a pouco, reféns de todos os tipos de Medos. Sabemos que o medo é residente do futuro, então vencê-lo é uma questão de não deixar nada para ser resolvido no dia de amanhã. Haja no Momento.

Ressignificar 108

A mente vencedora não quer ser carregada e nem tampouco, viver às custas de outras pessoas, pois conhece seu real potencial e fará o que for preciso.

Aspectos de uma mente saudável e realizadora:

- Não conta a ajuda e nem esforço do outro (a).

- Faz o que precisa ser feito hoje e se der, fará mais.

- A mente vencedora não perde tempo, investe-o.

- Não vive às espreitas para ver o sucesso alheio...

- Sua mente se mantém focada em seus projetos.

- Busca sempre por novidades e como fazer melhor.

- É ávido por aprender e estar entre os mais aptos.

- Sua mente não permite pensar como perdedor.

Domine sua mente e ela te levará ao seu objetivo.

Ressignificar 109

Liberdade é um conceito muito pessoal, pois há quem julgue ser livre, mas está totalmente preso... Não há liberdade sem que haja responsabilidade. Ser livre não libera ninguém de respeitar conceitos e regras já estabelecidas pela sociedade que se vive. Muitas pessoas tem uma ideia errônea do que seja liberdade, pois confunde com libertinagem ou pior ainda, tem pensamentos de um anarquista (não respeita nenhum tipo de governo ou hierarquia). Como seria possível viver em sociedade sem haver uma regulamentação básica de regras para todos? Não saber viver e lidar com as regras ou hierarquia, numa sociedade, é ser indisciplinado e anárquico.

Ressignificar 110

Encontre o esconderijo da sua Motivação diária...

A motivação que você precisa está dentro de si...

Tudo o que você precisa fazer é dar a chance de

se conhecer melhor, mas para isso precisa estar

disposto a se ver no Espelho da Verdade Universal.

Ele mostrará seus pontos fortes e os fracos também.

O espelho mostra exatamente o que cada pessoa

é na Dualidade: Você é tão Bom, quanto é Mau.

Somos todos: Fortes e Fracos - Capazes e Incapazes

Corajosos e Covardes - Trabalhadores e Ociosos -

Vencedores e Perdedores - Crédulos e Incrédulos.

Como se vê, tudo nessa vida tem os lados opostos.

Motivação tem a ver com escolher um dos lados...

Ressignificar 111

A vida pode ser doce, azeda, salgada, amarga, apimentada, quente, fria, áspera, lisa, leve, pesada, cheirosa, fedorenta, fácil, difícil e até Maravilhosa. Porém, não são os sabores, odores e os adjetivos mais variados que a define, pois toda e qualquer percepção só pode ser dada pelos seres humanos. Isso quer dizer que a vida tem o sentido que damos. A vida pode ser uma das maiores Experiências ou Oportunidades da existência humana para que se consiga alcançar os sonhos e objetivos que se tem. E os desejos em nós? São os doces que provamos ou saboreamos sem pressa alguma de acabar... De vez em quando pense sobre sua existência...

Ressignificar 112

Há momentos nessa vida, em que os nossos sonhos vão ficando cada vez mais distantes e muitas vezes, até parecem inalcançáveis. Esses são dias longos, tristonhos onde nada mais parece dar certo.

A esperança, nossa aliada, então, busca outras pessoas para nos inspirar e motivar a fim de termos forças de prosseguir. Porém, em outros dias, mesmo tendo buscado com afinco e determinação aquilo que desejávamos há tempos, acabamos frustrados, com medo e desmotivados. Momento crítico!

É exatamente aí que a autoconfiança vai embora. Não desanimes, provavelmente, você ainda tem um esforço final... Aquele que te fará Vencedor.

Ressignificar 113

Você já parou para pensar em como a vida passa numa velocidade imperceptível, que nem notamos que o tempo deixado para trás, não poderemos mais recuperar? Às vezes embalados pelos hábitos e as rotinas do dia a dia, não paramos para sentir que cada momento pode ser o único...

Estamos tão focados em problemas, trabalhos que até nos esquecemos do quão significativo é cada minuto que se derrete diante dos nossos olhos.

Portanto, por mais dificuldades que venhamos ter, ou mesmo nas adversidades de todos os dias, não podemos e nem temos o direito de roubar aquilo que temos como o bem mais precioso, "O Tempo".

Ressignificar 114

O mundo como conhecíamos mudou radicalmente nos últimos tempos, e será preciso gradativamente, absorvermos essa nova realidade e de preferência com muito tato e sem pressão, até porque fomos obrigados a alterar a forma como interagíamos uns com os outros, tendo que manter certa distância... Passamos a ter novas práticas e procedimentos no cotidiano além de perdemos aquela inocência, de que vivíamos num "mundo" dos contos de fadas. Certamente, que crescemos e aprendemos juntos. Sairemos dessa situação mais fortes e resilientes. Vivenciamos um momento histórico que no futuro será contado às novas gerações em muitas versões.

Ressignificar 115

Sonhar é uma das maiores dádivas que a vida deu. São os sonhos que nos movem em direção a um objetivo, que pode tornar o imaginado concreto. Os sonhos nos fazem perceber que cada segundo de vida vale a pena e deve ser aproveitado, assim como cada gota preciosa de água num deserto. Por isso, nunca desista dos seus sonhos e projetos, e jamais equacione com a possibilidade de deixar de sonhar, só pelo medo de que venhas fracassar ou ainda por influência de opiniões alheias superficiais. Os obstáculos e dificuldades surgirão ao longo do trajeto, e será preciso determinação e persistência. Se você sonhou, então será possível concretizar.

Ressignificar 116

O melhor caminho para algum lugar no futuro é
aquele que fazemos passo a passo, conscientes.
Um passo de cada vez é o jeito seguro de ir mais
longe, sem ficar exausto no decorrer da jornada...
Em cada passo dado, há um momento de reflexão
e vamos ficando mais seguros para continuarmos.
A vida é uma jornada por caminhos sinuosos que
precisam de atenção continuada a cada passo.
Isso não quer dizer que se deve deixar de admirar a
beleza da natureza que compõe o cenário à volta.
A vida e os nossos sonhos, são como um jardim...
É preciso cuidar bem para um dia vermos florescer.
Sendo assim, prossigamos na direção dos sonhos...

Ressignificar 117

O mundo segundo os cientistas e estudiosos, vive dando voltas em torno de si mesmo sem parar... E se ele dá tantas voltas, que sequer notamos ou imaginamos que assim o faça, quantas coisas mais deixamos de perceber que estão acontecendo? Pense: Há coisas que julgávamos ter perdido e que poderá voltar às nossas mãos, uma derrota que irá se transformar em uma vitória ou ainda algo que já estava esquecido e soterrado no passado, e que de repente virá à tona fazer parte do nosso futuro... Nada nesta vida pode ser tido como definitivo, pois aquilo que num primeiro momento parecia difícil ou mesmo impossível, pode simplesmente acontecer...

Ressignificar 118

Esse texto faz uma reflexão pulsante e realista:

"... Já chorei ouvindo música e vendo fotos, já liguei só para escutar uma voz, já me apaixonei por um sorriso, já pensei que fosse morrer de tanta saudade e sim, tive medo de perder alguém especial (e acabei perdendo). Mas sobrevivi!

E ainda vivo! Não passo pela vida...

E você também não deveria passar. Viva!

Bom mesmo é ir à luta com determinação, abraçar a vida e viver com paixão, perder com classe e vencer com ousadia, porque o mundo pertence a quem se atreve... A vida é muito para ser insignificante. " (Charles Chaplin). Pense Nisso!

Ressignificar 119

A vida é uma grande oportunidade, aproveite-a. A vida é beleza, admira-a. A vida é beatificação, saboreei-a. A vida é sonho, torna-o realidade. A vida é um desafio, enfrente-o. A vida é um dever, cumpre-o. A vida é um jogo, jogue-o. A vida é preciosa, cuide-a. A vida é riqueza, conserve-a. A vida é amor, goze-a. A vida é um grande mistério, desvele-o. A vida é uma promessa, cumpre-a. A vida é tristeza, supere-a. A vida é um hino, cante-o. A vida é um combate, aceite-o. A vida é tragédia, domine-a. A vida é aventura, afronte-a. A vida é felicidade, merece-a. A vida é a VIDA, defende-a.

(Madre Teresa de Calcutá).

Ressignificar 120

Saiba, nem tudo o que você fizer será elogiado...
Haverá momentos que tentarás demonstrar seu
bom coração, ninguém vai reparar nisso, acredite.
Sim, devemos ser honestos, altruístas e gentis, mas
na hora de passar das palavras às ações, cada um
parece mesmo buscar os seus próprios interesses.
Entenda, é um grande desafio se empenhar hoje
em dia e cultivar verdadeiros valores, quando se
está rodeado de pessoas que pensam o contrário.
E não pense nem por um minuto sequer, que não
vale a pena desenvolver essas boas qualidades...
Você só precisa saber que estar em paz com sua
consciência é a melhor coisa, para uma mente sã.

Ressignificar 121

Mesmo em meio às atrocidades que nos cercam, saiba que há inúmeras coisas que valem a pena. Vale a pena a tentativa e não o receio, confiar e nunca ter medo, encarar e não fugir da realidade. Ainda que fracasse, vale a pena lutar, discordar do melhor amigo e não o apoiar em suas atitudes erradas, e ainda deves aconselhá-lo e corrigi-lo. Vale a pena encarar-se no espelho todos os dias e ver se estás certo ou errado e procurar ser o melhor, ainda que a maioria insista em não valorizar isso... Enfim, vale a pena viver a vida, já que a vida não é tudo o que ela pode nos dar, mas sim, tudo o que nós podemos dar, enquanto passamos por ela...

Ressignificar 122

Conselhos que podem melhorar a vida das Pessoas:

Hoje elogie as pessoas que passarem por você, dê um aperto de mão firme olhando-as nos olhos...

Gaste menos do que aquilo que você ganha para economizar pelo menos 20% do salário por mês.

Perdoar é divino, mas comece isso por você depois estenda na direção de todos que te magoaram.

Trate os outros assim como gostaria de ser tratado.

Faça novos amigos e aprenda a guardar segredos.

Nunca adie um prazer saudável ou uma alegria...

Faça uma surpresa para àqueles que você ama.

Compre presentes inesperados que vão agradar.

Termine esse dia fazendo uma auto avaliação real.

Ressignificar 123

Que tal Ressignificar algumas coisas neste Mês?

Visite um amigo (a) que há tempos que não vê.

Estenda a mão a uma pessoa que sofreu uma

perda irreparável, que está triste e em isolamento.

Guarde dinheiro suficiente para quitar uma dívida.

Só por esse mês, apenas agradeça sem nada pedir.

Faça uma lista de coisas que você precisa mudar...

Dê uma segunda chance a uma pessoa que pisou

na bola com você e que se arrependeu de fato...

Coloque em sua lista de conquista, a compra de

vários presentes para doar no dia das crianças.

Pense: O Criador me porá no lugar certo, na hora e

no momento certos e diante das situações certas.

Ressignificar 124

Não confunda humildade (simples) com ser pobre.
Pessoas humildes na verdade são as mais fortes,
porque elas sabem que ainda precisam aprender
muito, lutar muito, estudar muito, suar muito para
conseguir alcançar aquilo que sonham e desejam.
Uma pessoa de fato humilde não vive se mostrando
ou se autopromovendo quando conquista uma
vitória, pois ela sabe que fazer isso é deixar a porta
aberta para os invejosos desejarem seu fracasso...
A humildade é a maneira mais inteligente de viver,
porque ela nos ensina a aceitar os altos e baixos da
vida, ensinando que apesar das diferenças entre as
pessoas, não existe ninguém melhor que ninguém...

Ressignificar 125

Ter fé não é o mesmo que acreditar em algo...

A fé é a crença inabalável e a firme esperança em Alguém Superior que é responsável e controla tudo o que existe ou venha existir, em todos os Universos. Ela (a fé) nos mantém firmes e confiantes mesmo nas circunstâncias mais adversas e mais negativas. A fé é acreditar que dias melhores virão, ainda que a vida ou as circunstâncias ao redor se mostrem desfavoráveis e sem motivos para seguir adiante. Ter fé é andar em plena escuridão, tendo somente a confiança que nada de mal acontecerá mesmo que um abismo esteja à frente. É ter a certeza que não irá cair porque Alguém lá em cima é o Protetor.

Ressignificar 126

Um dos grandes mistérios ou segredos da vida só se descobre quando se entende que estamos aqui aprendendo a viver, ou seja, vivendo a cada dia...
E tem mais, cada Vida é única e sua durabilidade é completamente incerta, pois cada pessoa tem um tempo já estabelecido, portanto, não dá para fazer comparações ou dizer como cada um deve viver...
Seria mais fácil se os erros da vida de outros e os seus aprendizados pudessem ser transferidos de uma pessoa para outra, porém, isso não acontece.
O problema de errar é que as pessoas veem neles, apenas o fracasso, e não uma lição a se aprender.
Errar faz parte da vida, só não erra quem nada faz.

Ressignificar 127

O tempo não para e a vida não vai voltar atrás...
E assim todos vamos continuar dentro de uma linha
do tempo imaginária, torcendo para ter uma vida
longa e saudável. Mas ninguém pode se dar ao
luxo de acreditar nisso como se fosse uma verdade.
A vida não vem com um manual que ensina como
é a melhor maneira de se viver, o que se deve fazer
para não se machucar, seja no físico ou emocional,
e como se cuidar pra prolongar a vida ao máximo!
E mesmo que pudéssemos escrever um manual no
fim da nossa vida, de nada adiantaria, pois ele não
serviria pra ninguém além de nós mesmos. Cada ser
humano é único e diferente em tudo na essência...

Ressignificar 128

Tenha em mente que mundo não vai parar só para esperar que recuperemos o fôlego e continuemos. A vida é como um trem que continua andando e não podemos ficar para trás, ainda que tenhamos aquela imensa vontade de contemplar a paisagem maravilhosa que está do lado de fora e que nos faz até suspirar, vendo os vales por entre as montanhas. Em alguns momentos precisamos recuar, em outros andar mais devagar, mas se pararmos, é certo que por conta da velocidade em que o mundo está rodando, seremos atropelados e tirados de cena. Se adaptar a esse novo mundo, onde quem manda é ciência e tecnologia, é questão de sobrevivência.

Ressignificar 129

Qual a nossa percepção em relação ao Mundo? Será que estamos realmente atentos a tudo o que vem ocorrendo a nossa volta ou estamos alheios? Um mundo que tem exigido que sejamos cada vez mais fortes e independentes, mas isso não significa sermos duros, nem com a gente ou com os outros. Na realidade, precisamos mesmo é encontrar um meio termo, nem muito ao céu e nem muito à terra. Temos ficado tão absorvidos pelas atividades do dia a dia que nos esquecemos de ouvir o que diz o nosso coração (alma), que é quem nos humaniza. Está na hora de fazer silêncio para ouvir o que ele está dizendo e em qual estação devemos descer.

Ressignificar 130

Será que sabemos o que viemos fazer nessa vida? Nosso tempo é limitado e entendemos que não temos a mínima ideia de quantos anos viveremos. Convém não perdermos um minuto sequer, vivendo apenas em função do trabalho ou das futilidades. Também não devemos permitir que o barulho do exterior ou da opinião dos outros a nosso respeito, abafe a voz interior que cada um de nós temos... Uma das partes mais importantes que compreende um ser humano, é a sensibilidade e a capacidade de ter empatia, ou seja, conseguir se colocar no lugar do outro e compreender seus sentimentos. Portanto, viver se trata de se relacionar e socializar!

Ressignificar 131

Os jovens sonham muito mais que os adultos, isso talvez porque estejam no início de suas vidas...
De onde estão, veem um mundo muito diferente. O mundo deles tem outros sons, outras cores e uma perspectiva de viver muitas aventuras mundo afora. A juventude, às vezes têm sonhos quase impossíveis e fantasiosos, apostando sempre numa "realidade" que poderá não existir. Mas isso só saberão com o passar dos anos e a chegada do amadurecimento. Então, vão perceber que na vida real, dificilmente as coisas serão como esperavam, mas apesar disso, seguirão em frente, vão ter outros sonhos, traçarão novos objetivos se arriscando de novo. Viver é isso!

Ressignificar 132

Para viver bem a vida é preciso se conhecer, ter motivação, entusiasmo e ter uma Profissão/Missão.

O autoconhecimento é quando se tem consciência das próprias sensações corporais e emocionais, é ter crenças, pensamentos e valores bem definidos de uma forma universal (que diz respeito a todos).

O entusiasmo é admiração, arrebatamento, uma explosão de alegria, um alvoroço exagerado.

A motivação é o sentir-se movido e impulsionado.

Profissão/ Missão é o exercício de um talento que pode ser inato ou aprendido, mas que a pessoa faz com tal excelência, que gera diferença no mundo.

Você tem motivação, entusiasmo e uma Missão?

Ressignificar 133

Se responsabilizar é uma atitude de Maturidade.

O que mais se vê na atualidade, é um jogo de empurra-empurra, onde ninguém quer assumir uma posição de responsável, puxando para si a bronca.

O que não se fala, é que o indivíduo que assume ser o responsável é alguém que tem confiabilidade.

A vida não dá pesos aleatoriamente, pois com uma postura de firmeza por parte de uma pessoa, vem o prêmio e a gratificação material com a emocional.

Os fujões e covardes diante da vida são aqueles que sempre estão reclamando, se vitimando, numa gangorra de altos e baixos, com emoções doentias.

Ser responsável é um valor que todos deveriam ter.

Ressignificar 134

Se você nunca toma uma iniciativa, sua vida será
sempre controlada pelo acaso ou pelos outros...
Pare de dar desculpas e tome uma posição frontal.
Chega um momento na vida em que você terá
que andar ou vai ser empurrado e levado a esmo.
Até quando você vai jogar a culpa de estar onde
estás, no mundo, nas pessoas, numa posição social,
na raça, cor, tamanho, idade ou coisas do tipo?
Assuma o leme de sua vida e trace um plano para
que num determinado tempo, possas controlar sua
história e realizar aquilo que você veio à esta vida.
Na vida tudo tem sentido e significado já definido.
Você decide como será, ou então já está decidido!

Ressignificar 135

Coisas que demonstram parte sua personalidade:
Você faz contato visual quando fala com alguém?
O contato visual com uma pessoa aqui no mundo
ocidental, não é invasão de espaço, pelo contrário,
é sinal de respeito e de não ter nada a esconder...
Para agir com empatia e passar confiança aos
outros, basta agir e tratar as pessoas como gostaria
que agissem e tratassem você, esse é o segredo...
De que lado se deve ficar numa discussão alheia?
Mesmo que se conheça todos os lados da história,
evite tomar partido numa briga ou numa discussão.
Se você não faz parte da situação, mantenha-se
neutro e não expresse suas opiniões. Seja sábio (a).

Ressignificar 136

Não leve tudo ao pé da letra, tenha bom senso!
O cérebro humano foi feito para funcionar nas três
dimensões, isto é, para quem acredita, que o ser
humano é tridimensional (corpo, mente e espírito).
Sendo assim, nossos comportamentos, atitudes e
modo de agir, tem que ter coerência e equilíbrio.
As "regras" foram feitas para servir às pessoas, isso
quer dizer, melhorar a vida em sociedade, mas,
quando elas prejudicam ou atrapalham, devem ser
questionadas, e se preciso, retiradas de contexto...
Leis, regras, normas, crenças e valores equivocados,
não podem subjugar nossa humanidade e muito
menos nos escravizar, somos seres com livre arbítrio.

Ressignificar 137

Esperar reconhecimento, valorização e aceitação dos outros, podem levar uma pessoa à depressão. É claro que é maravilhoso e gratificante receber o reconhecimento, valorização, respeito e admiração das pessoas que nos cercam e que nos conhecem. Outra coisa bem diferente, é viver na dependência dessas atitudes externas, como se isso fosse a coisa mais importante da vida e o principal motivo para a sobrevivência emocional enquanto ser humano... Nascemos com habilidades e capacidades que devem ser desenvolvidas ao longo da existência. Assim se evolui e se cresce como indivíduo único e especiais que somos, agregando valor ao mundo.

Ressignificar 138

Não pense na vida como uma caixinha de favores!
Um dos problemas que quase todos enfrentam na
vida é acreditar que se fizer tudo "certinho", se for
"bonzinho" e prestativo, a vida vai lhe compensar.
Ninguém está dizendo que se as pessoas fizerem as
coisas de acordo com o que é correto, se for uma
alma generosa, não servirá pra nada, mas, que isso
deve ser encarado como comportamento natural.
Saiba que nem a vida e muito menos as pessoas
vão agir, pensar e te tratar como você faz à elas...
Encare sua vida como um projeto divino, especial,
e que a cada novo dia, está sendo escrita a história
onde você é o personagem central nessa Missão!

Ressignificar 139

Saber se comunicar, não é o mesmo que falar bem. A comunicação tem várias maneiras de aplicação. Um olhar tem poderes inimagináveis se usado com habilidade, transparência e verdade. E não está se falando do tipo de olhar sedutor para fins amorosos, e sim daquela forma sincera de falar sem palavras... Outra forma de comunicação é quando se dá um sorriso sem ruídos, simplesmente como quem diz olá. A comunicação pode ser feita de muitas maneiras: Em gestos, atitudes, escrita, sinais, comportamentos e claro, pelo ato de falar. Porém, em todas as suas formas, a comunicação perfeita começa com um por favor, com licença e finaliza com um obrigado.

Ressignificar 140

Caminhos que facilitam nossas ações no dia a dia!

- Não force ser aquilo que não és, evite os atalhos e nem burle situações, o melhor é ser você mesmo...

- O sucesso ou fracasso, tem seu nome e sua cara, sendo assim tome cuidado com tudo o que fizeres.

- Saiba a diferença entre a simpatia e a eficiência, apenas uma delas te dá a chance de promoção.

- Simplicidade é sinônimo de alguém que consegue separar aquilo que é importante daquilo que não é.

- Uma pessoa com habilidades extraordinárias, é a que sempre apresenta soluções para os problemas.

- Antes de começar algum trabalho ou um projeto, tenha certeza que vai terminar. Isso é ter objetivo!

Ressignificar 141

Nunca se ouviu tanto a palavra sucesso e ter êxito. O que poucas pessoas realmente sabem é que a palavra sucesso é tão somente o resultado de uma prática constante de determinada função e ação. Não é milagre, não existe mágica ou jeitinho para se alcançar esse status tão cobiçado, que é estar no topo o na "crista da onda" como dizem por aí... E se não se trata de um milagre, nem magia, logo, nada tem a ver com sorte. Sucesso é ir até o fim. Pessoas de ânimo frágil, se desculpam em destino, fatalidade, mau agouro, sem oportunidades e etc. A realidade do sucesso é a repetição exaustiva de um processo até conseguir atingir o alvo em cheio.

Ressignificar 142

Ser Romântico (a). Mas afinal, o que é ser uma pessoa romântica, sensível, doce e sentimental? Segundo o senso comum, é ser uma pessoa que emociona a outra como nos romances dos filmes. Que se expressa em poesias, canções, se comove com facilidade, gosta de agradar, tem atitudes e comportamentos atenciosos com os outros (as). Será que atualmente, as pessoas ainda gostam e precisam de romantismo no dia a dia, em meio às agitações do mundo moderno? A resposta é Sim... Mesmo numa era de alta tecnologia e uma ciência cada vez mais avançada, a maioria das pessoas se emocionam com gestos de carinho e romantismo!

Ressignificar 143

Algumas pessoas parecem que vieram ao mundo para promover alegria e divertimento às demais... Elas possuem um humor que foi inserido nelas desde que nasceram, pois um simples gesto, um sorriso ou uma frase, tornam qualquer lugar onde chegam mais leve, agradável e recreativo. São Humoristas! O que seria da vida sem essas pessoas tão alegres? O ambiente sem eles, fica chato, triste e sem graça. Não está se falando daquelas pessoas que pensam ser engraçadas, que na verdade são indelicadas, às vezes intrometidas, grosseiras e desagradáveis... A intenção aqui é enaltecer às pessoas providas de uma alegria genuína que se diverte e diverte outros.

Ressignificar 144

Todas às vezes que se fala em Rebeldia, tem-se a impressão de estar falando de um indivíduo cujo prazer é o de contrariar qualquer ideia ou pessoa. A rebeldia por rebeldia, pura e simplesmente, não faz sentido, mas quando se trata de rebelar-se contra às injustiças ou um sistema opressor e tirano, que prejudica os mais fracos e indefesos, então, ela é uma arma e um mecanismo próprio para ajudar. Essa palavra ao longo do caminho foi associada a comportamentos equivocados ou revoltas insanas de pessoas que não escutavam ou respeitavam ninguém mais, a não ser elas mesmas. Todavia, se Rebelar do jeito certo, é não concordar com o erro.

Ressignificar 145

Complexo de rejeição, sentimento de inferioridade, baixo autoestima, sensação de abandono, solidão e vazio existencial, na maioria das vezes tem a ver com sentir-se órfão, ainda que se tenha pais vivos. Por que muitas pessoas passam a vida toda tendo esses sentimentos e não conseguem se libertarem? Alguns comportamentos, sentimentos ou forma de pensar e agir, estão intimamente ligados às marcas do passado, vindas de percepções ou experiências negativas, que cada indivíduo teve na sua infância. O sentimento de orfandade, não é um caso simples que se resolve com pensamentos positivos, rituais ou conversas com amigos. É preciso uma Psicoterapia!

Ressignificar 146

Dentro de cada pessoa há um espírito Guerreiro que o impulsiona a lutar bravamente contra às adversidades e infortúnios que ocorrem durante toda a sua vida. E por termos esse lutador dentro de nós que parece incansável, pensamos que somos imbatíveis e não damos à atenção devida a ele... Que é um guerreiro valente e muito forte é um fato, mas ele também precisa ser alimentado e cuidado, como qualquer outro dos heróis, residentes em nós. Do que se alimenta esse Herói ou Guerreiro interior? Auto aceitação, autoconhecimento, fé em Deus, boa autoestima, equilíbrio emocional, empatia, um espírito voluntário, generosidade, gratidão e Amor...

Ressignificar 147

O Sagrado está dentro dos seres humanos, desde sua concepção e isso é tão real e assustador que deixam os estudiosos e especialistas num quadro de divergências nas diferentes correntes filosóficas, que tentam explicar algo que poderia ser comprovado facilmente se aceitassem a existência do Divino... Bastaria observar as tribos que ainda não tiveram contato com qualquer outra civilização, mas que mesmo assim, acreditam numa divindade superior, prestando lhes cultos, realizando rituais e oferendas. Quem os ensinou sobre o Sagrado e às divindades? Decididamente, o ser humano não está passível de ser compreendido, como um animal só instintivo...

Ressignificar 148

Chega um dia que a pessoa acorda e se dá conta que só pensou e se doou a vida inteira, a todos à sua volta, menos para ela própria. Se esse despertar se dá nos primeiros anos da sua existência adulta, é bem mais fácil se reerguer. Mas, se isso acontecer quando a pessoa está acima da meia idade, onde os melhores anos de sua vida se passaram, haverá um choque e o sentimento de perda irreparável... Nesse caso, será preciso muita resistência e uma capacidade de se perdoar rapidamente e assim recomeçar a montar um projeto de vida individual. Os mártires, são pessoas que se colocam no lugar dos outros, praticando o auto sacrifício. Acordem!!!

Ressignificar 149

Valorizemos o ser humano e sua capacidade de transformar o mundo ao redor. Que ser vivo poderia ser comparado aos humanos se fizéssemos uma varredura na linha do tempo? É verdade que eles também podem ser cruéis em suas invenções e criações, mas, numa soma justa, onde pudesse ser colocado lado a lado os seus feitos, com certeza, as boas levaria o prêmio Maior. Seus poucos anos de vida, isso quando consegue ir até o fim dela, não o impediu de evoluir e transformar o mundo. Se comparados à algumas árvores, às baleias ou aos tubarões da Groelândia, o peixe o bodião de rougheye, a vida humana é curta, mas evoluíram.

Ressignificar 150

Que os homens nasceram com a capacidade de dominar e governar, não resta nenhuma dúvida... Mas é fato que essa habilidade e inteligência não pararam num limite aceitável e o egoísmo subindo lhes à cabeça, trouxeram certos comportamentos maléficos, que prejudicaram e ainda prejudicam seus semelhantes. Entre eles estão às muitas guerras, escravização, a opressão por armamentos variados, o desrespeito e a agressão às diferenças de classes, valores, raças, crenças, econômicas, gêneros e etc. Somos bilhões de pessoas no mundo e continuamos a aumentar, mas, o que avançamos em tecnologia e na ciência, não o fizemos no Amor ao Próximo...

Ressignificar 151

Desde a infância, os humanos apresentam o senso de explorar e conhecer o mundo à sua volta, e há neles uma inquietude que os fazem se movimentar numa busca incansável de saber e conhecer mais. De onde veio essa curiosidade e o encantamento pelos movimentos de vida existente na natureza? A respostas a essas e aos muitos questionamentos que, talvez jamais sejam respondidos, parece ser o gatilho que impulsionam as pessoas nessa busca de saber quem é, o que faz aqui e pra onde irá depois! Dos seres vivos, só os humanos, tem a capacidade de racionalizar sobre o seu passado, de focar no presente e projetar-se para o futuro mentalmente.

Ressignificar 152

Ser consciente, inteligente e habilidoso, possibilitou aos homens, grandes progressos e uma admirável evolução no decorrer dos tempos, mas retirou deles a inocência de uma vida sem malícia e maldade. A inocência, uma heroína que deveria receber a mesma parte que as outras estruturas arquetípicas do ser humano, foi dia a dia desaparecendo diante do egoísmo, da competição, ambição desmedida e o senso falsificado de grandiosidade do "ter" que acabou suprimindo a verdadeira essência do "Ser". A inocência leva a Amar sem distinção, a enxergar os outros com igualdade e a compartilhar com generosidade. É tempo de voltarmos a Inocência!

Ressignificar 153

A Sabedoria, mãe de todas as virtudes, é quem mantém o senso de ordem, de sanidade e a lucidez nos seres humanos. Num sentido comum, sabedoria é a qualidade que dá sensatez, estimula prudência e moderação à pessoa. Para a religião, sabedoria é o "conhecimento inspirado nas coisas divinas e humanas". Sabedoria, sapiência ou sagacidade (do latim, sapere - que tem sabor), ou a condição de quem tem conhecimento e erudição. Sabedoria ou (Sophia), termo grego, designa uma forma superior de conhecimento do absoluto, ou seja, de (Deus) O Ser Ordenador, que coloca em ordem o saber e as atividades visíveis e invisíveis em todos os Universos.

Ressignificar 154

Uma das diferenças mais lindas e definitivas, entre os humanos e os outros seres vivos, está em que eles são livres para decidir, isto é, fazer suas escolhas e possuir o livre arbítrio sobre suas ações e reações... Porém, existem pessoas que fogem desse presente que a vida deu, ou seja, ter o poder de escolher... Por que será que a maioria das pessoas tem medo? Ter o poder de optar e decidir por si mesmo é uma benção, mas junto com ela vem o outro lado, que é ser responsável pelas escolhas feitas, assim como as consequências que advirão delas. Portanto, a verdade é que as pessoas não têm medo das suas escolhas, mas sim, de se responsabilizarem por elas.

Ressignificar 155

Em que tempo (era) você realmente está vivendo?

Observe suas respostas a essas perguntas a seguir...

Você acredita que sucesso tem a ver com tempo?

O melhor profissional gasta 16 horas Trabalhando?

O Profissional de sucesso nunca falta ao trabalho?

O sucesso vem com muito sacrifício e sofrimento?

Poucas pessoas terão sucesso naquilo que fazem?

As pessoas vencedoras já nasceram com sorte?

Tudo é uma questão de puro acaso, apenas isso?

Se você acredita em algumas das questões acima, está completamente enganado, o sucesso vem com os resultados, através das suas realizações e nada tem a ver com o tempo. Faça Acontecer...

Ressignificar 156

Se você está em sintonia com a vida e as coisas
que estão acontecendo ao seu redor, vai notar
que o mundo está numa transição rápida e muito
diferente do que vinha tendo. A alta tecnologia e
uma ciência avançada, impuseram um novo ritmo
às sociedades de forma globalizada e sem volta...
Vivemos numa era, onde "resultado" é a palavra
de ordem e ser uma pessoa de atitudes assertivas
definirá a vaga de um bom emprego nas empresas.
Quem não se aliar à tecnologia (como ferramenta),
buscando a aprender todos os dias como utilizá-la,
perderão inevitavelmente seus empregos para os
mais habilitados e preparados para esse momento.

Ressignificar 157

 A partir daqui você vai ser orientado a Ressignificar: Vamos começar pelo mais importante: O tempo. Como seria possível ressignificar algo invisível, que está fora do nosso controle, que é imparável e que não se pode ser mensurado? Sim é possível fazê-lo! Ressinignificar é dar Novo Sentido, lançar um olhar mais nítido às coisas, mudando a nossa percepção. Não se trata de controlar o tempo, isso é impossível, mas podemos administrá-lo e otimizar nossas ações. Ressignificar o "tempo" tem a ver com refletir sobre ele, estudar, planejar e aplicar as divisões de horas a nosso favor. Não basta somente cortar o "peixe", de vez em quando é preciso parar e afiar a faca.

Ressignificar 158

Ressignificando o Pensamento 01: O pensamento vem pelas atividades racionais do intelecto, pelas abstrações da imaginação. A palavra pensar tem origem no latim (pensare) que significa pesar ou avaliar o peso, modelar a percepção do mundo. Segundo Freud, o pensamento é o deslocamento de uma energia mental com o propósito de realizar a descarga motora da excitação. Pensar implica uma série processos como: Análises, comparações, sínteses, abstrações, generalizações, elaborando conceitos, influi na linguagem, juízos, valores e etc. Se o ser humano não pensasse, seria o mesmo que possuir uma vida sem existência (sem um sentido).

Ressignificar 159

Ressignificando o Pensamento II: Durante a vida, os seres humanos serão acompanhados pelo ato de estar constantemente pensando, seja acordado ou dormindo, ainda que não tenha consciência disso... O pensamento é uma ferramenta que auxilia o ser humano na resolução de problemas ou na criação de artefatos que facilitam a existência no planeta. Há diferentes tipos de pensamentos, como exemplo citamos o pensamento dedutivo, indutivo, analítico o pensamento sistêmico e o pensamento crítico... O pensamento, exige uma reflexão mais apurada, por isso foi dividido em três partes distintas entre si... Além disso, é possível pensar sobre o próprio pensar.

Ressignificar 160

Ressignificando o Pensamento III: Concluiremos o ressignificar sobre o ato de pensar, dizendo que ele permite ao homem, um grau de distanciamento ou aproximação das coisas ou de situações que lhe permite conceituar sobre acontecimentos de linhas gerais ou particular, assim como conseguir distinguir uma estação (natureza) da outra, ou trazer à tona uma lembrança nostálgica só pelo fato de sentir um perfume, um toque, um gosto, ouvir uma música...
O pensamento além de extremamente complexo, inclui assuntos, lugares, pessoas, objetos, imagens (externas ou internas), e até o próprio tempo, nas suas preposições, o presente, o passado e futuro.

Ressignificar 161

Dentre as ressignificações necessárias, falar sobre os sentimentos e as emoções, é uma prerrogativa tão valiosa quanto o pensamento, o tempo e a vida...

O que seria dos humanos se não tivessem emoções e sentimentos, o parâmetro daquilo que os tornam quem são, ou seja, diferentes de todos outros seres?

"Somos a doce mistura composta de corpo, alma (mente) e espirito, que é capaz de pensar, sentir, se comunicar por palavras, gestos ou atitudes, escrita, desenhos, e como se não bastasse ainda possuímos a capacidade de se relacionar inteligentemente, vivendo em diferentes sociedades e culturas afins".

Somos os únicos que comprovadamente evoluímos!

Ressignificar 162

O sentido da vida é como analisar a nascente de um rio, que nasce timidamente e segue fluindo natural e independente de qualquer coisa que esteja acontecendo em outra parte do mundo. Ele segue obedecendo seu curso natural, sempre em direção ao seu ponto de chegada, quer seja desembocar num rio maior ou tão somente se perder na imensidão das águas dos oceanos...

"A vida é uma peça de teatro que não permite ensaios. Por isso cante, chore, dance, ria e viva intensamente, antes que a cortina se feche e a peça termine sem aplausos." (Charlie Chaplin)

A vida é só um eco, o que você está emitindo?

Ressignificar 163

Se desenvolver como uma pessoa humana é um processo por vezes doloroso, outras, complicado, mas, independentemente de termos consciência ou não, seguimos avançando no tempo, é um fato. Nosso desenvolvimento poderá ser avaliado nas respostas que damos a algumas perguntas básicas: O que conheço realmente da vida e seu sentido? Do que preciso de fato, para além do que desejo? O que faço é para mim ou para satisfazer a outros? Como me sinto a respeito da minha vida até aqui? **O que é a beleza para mim e como lido com isso?** Sei qual a coisa certa a se fazer ou apenas arrisco? Desde os questionamentos acima, a vida já mudou!

Ressignificar 164

As mudanças constantes causam os impactos no mundo e também em nós individualmente, criando desequilíbrios nas dimensões que nos sustentam e assim, aos poucos tomamos consciência de nossas fragilidades e inadequações. Nossas emoções e sentimentos, quando abalados, se revelam pelos comportamentos e pelas respostas que oferecemos diante dessas situações inesperadas e adversas.

Na maioria das vezes somos seres reativos, agindo no automático como se tivéssemos adormecidos. Somente a força originada de um novo sonho ou um projeto conscientemente idealizado nos dará a coragem pra enfrentar estes períodos de transições.

Ressignificar 165

Olhe para a sua vida agora e numa retrospectiva sincera, procure encontrar as etapas de transições. Respire fundo e vá de encontro àqueles momentos que foram negativamente marcantes e reviva esses instantes onde você sentiu as maiores inseguranças e medos, os quais te fizeram paralisar ao ponto de te fazer recuar e abandonar seus projetos e sonhos no meio do caminho. E você ficou lá amarrado... Agora lembre-se do ser incrível que você é, acione as forças dos heróis que moram no seu interior, pois são eles que te darão a coragem pra agir de forma diferente e quebrar os grilhões que te aprisionaram. "Ao percorrer sua trilha, os propósitos se revelarão".

Ressignificar 166

Ressignificar o Sentido da Vida nos dias atuais é de extrema urgência, pois a velocidade da tecnologia permite que imensas toneladas de informações e notícias, nem sempre reais, cheguem em qualquer lugar do planeta em poucos segundos, o que vem causando um estado de ansiedade nas pessoas que já não conseguem diferenciar o real do ilusório. Essa situação vem deformando a identidade do indivíduo como ser único em sua essência, fazendo dele também uma coisa que pode ser descartada. O sentido da vida não é algo pronto ou uma linha reta demarcando o nosso destino final, pois o maior segredo da vida é seguir vivendo e aprendendo...

Ressignificar 167

Ressignificando agora, Pilares das nossas fortalezas internas e assim dar um Novo sentido a nós mesmos!
Primeiro pilar: A Inteligência (seja qual tipo for) ... Todos possuem inteligência, isso claro, se não tiver nascido com algum déficit ou com uma doença... Inteligência diz respeito a capacidade que uma pessoa tem de conhecer, compreender, aprender ou adaptar-se a novas situações ou modifica-las.
A inteligência, foi definida de diferentes formas, mas o psicólogo Howard Gardner na teoria das múltiplas inteligências identificou sete: Lógico-matemática, intrapessoal e interpessoal, linguística, espacial, a musical e cinemática. Mas deve existir muito mais!

Ressignificar 168

Segundo Pilar: O Sagrado (a fé, crença, confiança).
Sagrado tem dois sentidos, o primeiro de adjetivo:
Algo que é sagrado está associado ao segundo
sentido, de substantivo (em latim sacratu) se refere
a algo que merece ser venerado, ser respeitado,
por ser religioso e por ter uma associação com uma
divindade ou com objetos considerados divinos.
O sagrado se relaciona com a santidade, isso nas
religiões monoteístas (que acreditam num só Deus).
Santidade é o estado de ser santo que é percebido
pelos religiosos como indivíduos que são associados
com o divino e sagrado. Na filosofia, o sagrado é a
energia que, iluminando, dá vida e sentido a tudo.

Ressignificar 169

Terceiro Pilar: A Criatividade (somos seres criativos). Ressignificar a criatividade é valorizar e avaliar uma ferramenta inata do ser humano, que ao longo dos anos vem sendo usada amiúde, seja de maneira aleatória ou calculada, mas que no último Século deu salto quase sobrenatural. Desde a invenção da roda, se alguém do começo do século XX, pudesse vir aos dias atuais e verificar como o nosso mundo se transformou e segue modificando velozmente, certamente, ficaria chocada com enorme avanço da ciência, da tecnologia e a enorme criatividade. Mas o que ela pensaria sobre as injustiças sociais? Que transformemos o mundo num lugar Melhor...

Ressignificar 170

Quarto Pilar: Empatia (se colocar no lugar do outro).
Empatia é a última Mensagem desse livro, porque
essa palavra tem tudo a ver com o propósito dele.
Qual o poder dessa palavra e o que ela significa?
Empatia: É a capacidade psicológica que uma
pessoa tem de sentir o que o outro sentiria, caso
estivesse na mesma situação vivenciada por ela.
É tentar compreender amplamente os sentimentos
e as emoções do outro, procurando experimentar o
que ele sente. A empatia e os outros sentimentos,
precisam de sensibilidade, percepção apurada e
uma compressão objetiva e racional para ser Real.
Empatia é se dispor para ajudar. Espero tê-lo feito!!!

Fim...

Outras Obras da Autora: Nathalie Owen

01 - Depressão: O Vírus Invisível

Existe uma forma de prevenir e combater a Depressão?
A Depressão não é tristeza, ela é uma doença e pode
matar. O indivíduo portador deste mal, apresenta uma
mistura de sentimentos expressos em forma de uma
profunda tristeza, angústia, melancolia e desinteresse
por tudo aquilo que antes gostava de fazer.

Quando a situação é grave será necessária ajuda
médica e psicológica conjuntas.

Ás vezes, uma intervenção medicamentosa é
aconselhável para que a pessoa consiga fazer o
tratamento psicoterápico. Segundo pesquisas feitas nos
últimos dez anos, 20% da população mundial sofrerá de
Depressão neste século.

Depois dessa Pandemia que assolou o mundo,
certamente haverá uma explosão de casos de

Depressão, outros surtos e transtornos psicológicos variados, derivados do medo e da insegurança diante da possibilidade real de morrer. Essa obra apresenta algumas propostas, dicas de prevenção e orientações no combate desse terrível mal que vem sendo chamado de "A Doença desse Século".

02- Antes do Sim... Razões Para Casar.

Por que as pessoas se casam?

Antes do sim é um livro que retrata 07 Casamentos Bíblicos, com a finalidade de mostrar várias histórias de amor, numa linha do tempo completamente diferente. A leitura desse livro possibilita enxergar o casamento de uma maneira racional, mas sem perder de vista o verdadeiro motivo que levam as pessoas até o casamento. Além de contar a história de Amor de cada casal, foi feita uma análise psicológica de cada um deles mostrando os pontos fortes e frágeis. Tudo isso para auxiliar os que estão com dificuldades em saber se a escolha feita foi consciente ou apenas emocional e no calor do momento. Também foi elaborado um questionário especial com 50 questões, as quais podem ser respondidas, ajudando assim a clarear as dúvidas, dando uma visão mais abrangente do que é um casamento e como melhorar alguns aspectos do mesmo. Antes do Sim, fala da força misteriosa do Amor que envolve duas pessoas, mas que no decorrer do tempo tende a esfriar se não houver cuidado e a atenção devida. Não deixe a rotina ou as dificuldades nublar o seu Amor.

03- Profissões no Século XXI...

Bem-vindo ao Século XXI.

Você sabe quais profissões vão sobreviver neste Século? Este século trará mudanças inesperadas, principalmente no que diz respeito às profissões. Muitas profissões desaparecerão de uma hora para outra do mercado de trabalho.

Muitas pessoas ficarão desempregadas.

Por outro lado, abrirá um espaço enorme para profissionais bem preparados.

Esses profissionais possuem um perfil diferenciado e mais adequado para esse tempo. Este livro mostra as principais mudanças das profissões numa linha do tempo entre 1998 a 2020. Com essa perspectiva será possível saber qual o perfil e as habilidades necessárias para ser um profissional do futuro próximo e ter espaço dentro do novo mercado de trabalho.

As profissões realmente surgem das necessidades humanas, mas, quais são as necessidades das pessoas neste século?

Descubra lendo esse livro inédito! (Nathalie Owen).

Obrigado por adquirir o livro Ressignificar...
Deus abençoe você!

Você pode adquirir outros livros da Autora no formato impresso pelos sites ou links abaixo:

https://uiclap.bio/nathalieowenescritora

https://linktr.ee/luciamariaescritora

Depressão: O Vírus Invisível

https://loja.uiclap.com/titulo/ua3430/

Ressignificar: Um Novo sentido

https://loja.uiclap.com/titulo/ua17549/

Vícios: A Doença do prazer (Somente para Adultos)

https://loja.uiclap.com/titulo/ua6317/

Sementes De Girassóis (Para Mulheres)

https://loja.uiclap.com/titulo/ua5257/

Antes do Sim: Razões Para Casar

Profissões no Século XXI: Mudanças e Evoluções

Procure por outros Títulos nos sites acima.

Obrigado!